突破边界

THE NO-LIMITS ENTERPRISE
Organizational Self-Management In The New World Of Work

自主管理的原则与方法

[美] 道格·柯克帕特里克 | 著
(Doug Kirkpatrick)

刘娜 等 | 译

图字：01-2021-2509 号

No-Limits Enterprise © 2019 Doug Kirkpatrick.
Original English Language edition published by ForbesBooks 18 Broad Street, Charleston, SC, 29041, United States.
Arranged via Licensor's Agent: DropCap Inc. All rights reserved.
Simplified Chinese rights arranged through CA-LINK International LLC.

中文简体字版专有权属东方出版社

图书在版编目（CIP）数据

突破边界：自主管理的原则与方法 /（美）道格·柯克帕特里克（Doug Kirkpatrick）著；刘娜 等译. —北京：东方出版社，2023.6
书名原文：The No-Limits Enterprise: Organizational Self-Management In The New World Of Work
ISBN 978-7-5207-3204-8

Ⅰ.①突… Ⅱ.①道…②刘… Ⅲ.①企业管理—研究 Ⅳ.①F272

中国国家版本馆 CIP 数据核字（2023）第 007597 号

突破边界：自主管理的原则与方法
(TUPO BIANJIE: ZIZHU GUANLI DE YUANZE YU FANGFA)

作　　者：[美] 道格·柯克帕特里克（Doug Kirkpatrick）
译　　者：刘　娜　等
责任编辑：申　浩
出　　版：东方出版社
发　　行：人民东方出版传媒有限公司
地　　址：北京市东城区朝阳门内大街 166 号
邮　　编：100010
印　　刷：北京联兴盛业印刷股份有限公司
版　　次：2023 年 6 月第 1 版
印　　次：2023 年 6 月第 1 次印刷
开　　本：880 毫米×1230 毫米　1/32
印　　张：8.25
字　　数：180 千字
书　　号：ISBN 978-7-5207-3204-8
定　　价：59.00 元
发行电话：(010) 85924663　85924644　85924641

版权所有，违者必究
如有印装质量问题，我社负责调换，请拨打电话：(010) 85924602　85924603

道格作为杰出企业的创始人、实践者，总结了企业从优秀到卓越、到杰出的跨越背后的组织行为学的力量，其在打造训练有素的团队、塑造训练有素的文化方面的观点让人印象深刻，并且跟我们这几年的管理实践极富契合度、验证性。我们通常会以为一家公司走向成功的第一步是为企业设定一个新的方向、新的愿景和战略，然后找到合适的人，向这个新的方向前进。但实际情况恰恰相反，实现卓越公司的创始人首先是让合适的人上车，不合适的自然下车，然后才决定去向何处。

——江鑫

合肥市产业投资控股（集团）有限公司总经理

当今社会，体力劳动正在被机器人快速替代，脑力劳动也面临 AI 的颠覆，我们的企业如何应对？《突破边界》给我们带来启示：硬件和软件的进步使得组织中的控制变得多余，"管理税"可以少交。现场有神灵，基于先进的硬件体系，在几个简单原则的指引下，我们完全可以把现场的决策权还给员工，让他们都成为完全胜任各自岗位的"特种兵"。"乡田同井，出入相友，守望相助，疾病相扶持"，我们都是部落人，不管在生活中还是工作中，祝愿人人都能享受自组织！

——马开茂

上海锦沙股权投资基金管理有限公司合伙人

道格亲历了一家知名自组织企业的创立、发展和繁荣，再加上他信奉、热爱并深入研究自主管理，因此其文字中充满着自信和实践智慧，非常有感召力。我相信，如果中国企业领导者能深思道格在《突破边界》里给出的自组织建议，并注重自身的内在修炼，融合本土的文化与智慧，定能开出一条组织管理的新路，使企业更兴盛，让社会更美好！

——陆维东

正念领导力教练、觉醒商业顾问

非常欣喜于道格的新书即将面世。当初结缘于混沌App上"晨星自组织"的交流与解读，就对这个组织之中人人可为、组织之中人人自为、组织之中人人乐为的状态心向往之。未来确实是不确定的，但当每一个个体蕴藏的生命力量被激发，人真正的主体意识被唤醒，这个巨大的内在确定性就能够引导我们穿越外在的不确定性。这不是乌托邦，而是真正的组织实践。期望更多的人能读到道格这本毫无保留的真心之作，一起开启你的突破边界之旅。

——任煜

混沌创新领教，自组织的观察与探索者

在这个复杂多变的世界上，每个人都是自己的第一责任人。我一向认为，所有战略管理原则，如果不能应用到个人，也无法真正应用到企业。《突破边界》阐述了一个类似的认知：所有组织管理原则，如果不能应用到个人，也无法真正应用到企业。现实世界，不是"黑暗森林"。"藏好自己，做好清理"可能是生存本能，但不是生活真谛。正如作者所说，"生活是（或者本该是）一场交响音乐会"。"做好自己，藏好清理"，每个人都需要（或者本应该）突破边界，给自己的时光以生命。

——路江涌

北京大学博雅特聘教授

组织中的不同个体，就像一个个圆，圆的半径代表了每个个体的能力范围。如果这些圆都相切，组织能力必然会留下很多空白；如果这些圆都不重叠且相交，这样的组织必然攻不可破。

每个个体都需要努力突破自己的能力边界、扩大自己的能力半径。半径越大，能力越大、触点越多、责任越大、与组织中他人的交叉越多、组织的战斗力也越强。

——周奇

金沙江联合资本管理合伙人

"各美其美，美人之美，美美与共，天下大同"一直都是我梦寐以求的理想国，也曾很多次地问过自己：我究竟可以为这个梦想做些什么？所以当第一次接触自组织这个概念，并且深刻地认知到其实企业就可以通过自组织的方式为人们搭建这样一个梦想平台的时候，我真的是忍不住心潮澎湃、心向往之。但与此同时，作为一个深切体验过企业九死一生的创业者，我也会对于自组织的具体落地方式存在诸多困惑，对于自组织如何能够持续打造企业的核心竞争力存在诸多不解。感谢道格的新书《突破边界》为我答疑解惑。企业是社会的公器，愿自组织可以成为这个公器的巨大动能，推动每个人自由地做最真实的自己、贡献最美好的才智、收获最美好的人生，推动人们共创更美好的"大同世界"。

——白晓阳

北京国科天迅科技股份有限公司创业合伙人、CFO

推荐序

2019年12月19日，我有幸和本书作者道格·柯克帕特里克先生面对面地交流，并从他的手中得到了本书的英文版本。我当天就不停歇地阅读完，在书中做了很多笔记，收获很多。一晃三年多过去了，刘娜女士出色地把这本书主译成中文，让更多的国内读者能接触到这本好书。我在起笔作序前，仔细翻看了当时做的笔记，决定结合这些年的一些相关体会，把感想记录下来，供与这本书有缘的读者参考。

官僚层级制是最常见的一种组织形态，已经在人类社会存在了很长的时间，马克斯·韦伯的理性组织理论与其最为相关。该理论强调职业化的管理者以及和职位联系起来的权力在组织中的重要性。管理者可以运用这种权力，促进下属之间的协作，实现组织目标。该理论重视理性的、非人格化的力量，认为如果合理运用这种力量，可以显著提升组织的效率。但是，在实际运行过程中人们发现，如果走到极端，身处官僚层级制中的成员会受到压制，带来种种的问题，反而影响了组织的健康发展。

突破边界：自主管理的原则与方法

如何克服官僚层级制带来的弊端呢？大致有两种解决方案。第一种方案是出现魅力型的领导，以改革者的形象破除沉疴，让组织焕发活力。例如，杰克·韦尔奇在通用电气（GE）的"群策群力"变革、郭士纳在IBM的强力变革，曾经取得了巨大的成功，为人津津乐道。然而，魅力型的领导似乎也不是长久之道，随着英雄谢幕，组织可能再次步入低谷，甚至一蹶不振。第二种方案更为激进和前卫，主张抛弃官僚层级制的组织可以在没有管理者的情况下正常运作。这个思路之所以前卫，是因为管理者在组织中的存在几乎成为人们的思维定势。在多数人的观念中，如果没有管理者，组织将混乱不堪，难以想象还能如何管理。本书通过实例，告诉读者这种没有管理者的组织完全可以存在，而且组织的商业表现也可以很不错。

这种没有管理者的组织被称为自组织。我从2015年开始关注自组织。最初接触这个概念时，我以为自组织对员工的要求一定很高：这些人应该受过良好的教育，综合素质高，甚至应该充满利他的工作伦理精神。详细研究多个案例企业后，我改变了这个先入为主的观念。以本书作者曾所在的美国晨星公司为例，该公司是世界上最大的番茄加工企业，大量员工都是普通的蓝领工人，人员构成并不神奇。这家公司建立在简洁原则上的自组织体系，良好地运作了几十年，经受住了时间的考验。

自组织采用分权，颠覆了官僚层级制组织中的权力结构。分权是制度化的权力转移，是指组织明确地规定，在某个岗位或流程节点上的人，他或她的责任以及对应的权力是什么。分权给人们带来的权力，其他人不能凭借个人判断和好恶来拿走。不过，分权和集权是达成组织目标的手段而不是目的。不同的自组织在分权的程度方面不一样，有的分权程度非常彻底，有的适度地分权，但在战略和绩效管理方面，仍然采取了集权的方式。

我把自组织实现的机制总结成三类，包括文化、市场和结构的机制。所谓文化的机制，是指通过软性的企业文化或团队氛围来实现自组织。这种机制的好处是灵活；缺点是如果过于依赖软性的文化，企业的规模会受限制。所谓市场的机制，是指用价格杠杆来解决协作问题。采用这种机制来实现自组织的公司，国内有不少。例如，海尔公司平台+小微、"人单合一"的方式，以及韩都衣舍、海底捞等企业员工小组制的方式等。这种机制的好处是激励机制清晰；缺点是如果过于市场化，带来的内部交易成本也会很大。所谓结构的机制，是指用职责清晰、责权明确的方式来替代管理者。主要通过以下两个途径来完成替代：第一，清晰的角色职责。由于角色职责的描述非常清楚，边界清晰，因此需要管理者协调的情况就会很少。任务来了，落在哪个角色的地界里，负责这个角色的人就要承担起来，无须他人的指令。第二，员工组成协调小组，通过开会来解决工作中出现的问题。这种机制的好处是有成形的方法论，缺点是有一套规则需要掌握，相对于其他方式显得烦琐，学习

突破边界：自主管理的原则与方法

成本比较高。

我认为最有前景的自组织方式，不能过于单一，即不只依赖一种机制，而是以文化机制为基础，综合市场和/或结构机制的混合方式，甚至混合一些官僚层级制的特征。之所以这种混合方式最有前景，是因为普遍意义更强，能够适用于不同类型的组织。特别是这种机制能让组织有更大的成长空间，从而有机会做到很大的规模。例如，采用混合自组织机制的美国戈尔公司，只保留了很少的管理人员，目前公司年收入30多亿美元，员工规模已突破1万人。海尔公司的自组织实践是以市场机制为主的混合制。海尔公司的小微企业还带有层级制的特征，但在海尔公司的平台上，小微企业之间通过市场机制完成协作，实现了自组织。由于小微企业的规模不大，即使实施层级制，也不会有大规模层级制的弊端。

从我这些年分析自组织的案例来看，有以下三点值得注意。之所以专门强调这三点，因为它们往往是自组织实践容易忽略的关键，如果处理不好，容易导致自组织失败：第一，管理上分权的同时，很可能需要文化上的集权，尤其是企业中只能有一个倡导的主流文化，但同时又能包容不和主流文化产生冲突的亚文化；第二，清晰的经济激励机制，自组织把雇员变成了伙伴身份，雇员拿工资和奖金就可以，但是共担风险的伙伴有权分享红利；第三，共担风险的伙伴不仅在能力和素质方面足以就负责的角色作出独立决策，而且需要在价值观与思维方式上有大的转变，例如独立自主、信守承诺等。

有些读者读完本书，可能还是觉得自组织离我们很遥远，显得理想化。其实，即使不能完全采用自组织的方式，也能从中学到不少改进层级制组织管理的思路和方法。一些强调创造力的公司已经实施让员工有充分的工作自主权的方式，例如，网飞、字节跳动等公司意识到，对员工的管理不应该采取强管控的方式，而是应该交待清楚工作的背景，即来龙去脉，让员工自主决策。如果读者已经看过自组织的实践，再看网飞、字节跳动的管理方式，会觉得易于理解，非常自然。

当今的时代，是百年未有之大变局的时代，充满种种变革的可能。劳动者希望生活得更美好，希望自己的能力得到充分的发挥。目前的组织协作体系做到了吗？没有，甚至有些情况下还很糟糕。正如本书引用的调查结果所展示的，虽然技术在进步，但全球员工的工作敬业度却在下降。我们需要思考哪些因素限制了劳动者的发挥，并行动起来消除这些限制因素，使劳动者拥有改善工作条件、发挥能力的自由空间，从而解放和发展生产力。

如何改革现有的协作关系？我认为需要抓住三个发展趋势：第一，建立使命驱动的企业文化，用信任取代强制，用分享取代封闭；第二，建立人与人之间新型的协作关系，以合作取代雇佣，以共赢取代自利；第三，改革传统层级制组织中的权力结构，以分权取代集权，以自主取代控制。自组织符合这三个发展趋势，非常值得关注。但是，请牢记，组织发展的道路并不只有一条。本书介绍的一些自组织的实践经验，可能对读者有直接的启发和借鉴，但更为重要的意义在于，为超越这些经验提供基础，用创新迎接内外部经营环境改变带来的挑战。

张　勉

清华大学经济管理学领导力与组织管理系副教授

2023 年 3 月

译者序
拉开自组织的序幕　行者无疆

我们探索人类社会与组织的发展历程时，自组织是一个不断出现的主题。在过去的几十年中，自组织变得越来越流行，人们发现，通过鼓励员工参与决策和将权力下放到较低层级，可以提高组织的效率和生产力。这种组织方式还可以增加员工的自主性和归属感，从而提高员工的工作满意度和绩效。

在过去的几年里，我一直致力于研究青色组织（使命驱动、自主管理、身心完整）并把自己的所学所修应用在我辅导的客户和高管身上。这是一项工程巨大的任务，因为需要和时代的脉搏产生同频。而这三个与未来组织相关的要素（使命驱动、自主管理、身心完整）最早在我身上植根最深的就是自主管理。作为一名中国最早的合弄制（来自美国硅谷的自组织管理模式，全球有1000多家组织正在实践着）国际认证教练，我自认为我对于自组织的各种实践是非常了解的，直到我遇到了道格。先从以下三个场景说起：

第一个场景：2018年中国组织进化年会。上海。那一年，中国有一本书轰动一时，就是弗雷德·莱卢写的《重塑组织》。

书中介绍了12家全世界范围内青色组织代表型的企业，其中之一就是位于美国加州的晨星公司。而我们把晨星公司的创始合伙人之一道格（也就是本书的作者）请到了年会的台上分享晨星公司的故事。晨星公司作为一家拥有4000多名员工的制造型企业，从创立第一天起就没有一个管理者，完全靠自组织、自管理，成为全世界最大的番茄制造公司。它的故事让所有人都十分兴奋。会后我当时的一个客户直接把我和道格叫到了一起，让我们一起去泰国参加他们的高管座谈会。

第二个场景：2019年年初，我们一起飞到了泰国曼谷。道格与我还有我们另外一个自组织顾问Oscar，共同为客户做了三天的自组织大师课的培训。在课堂上，道格深入浅出地讲解了如何运作自组织的底层理念和工具，让我从道、法、术、器四个层面深度学习和感知了如何才能有效地运营一家自组织，激发每一个人的潜力。我自己作为合弄制的全球认证教练，也辅导了很多客户，那一刻，让我意识到光给客户术和器不行。既要成事，还要成人。

第三个场景：2019年12月，我再次把道格邀请到了北京，给国内的同学做一场自组织大师课。来参加的同学有大厂的高管，有企业家，有HR一号位，也有顾问。经历了两天的"轰炸"之后，大家直呼过瘾。同时，清华商学院的张勉教授在研究进化型组织方面非常有心得，听到道格来中国，立即邀请我们去清华商学院的MBA课堂上讲课。同时期，混沌也邀请到了我们录制了一门课程，收获了14万次的收听。

译者序　拉开自组织的序幕　行者无疆

这几年跟道格的接触下来，我发现他就是一个非常有自由精神，同时对自己有很高要求的人。他虽然是财务总监出身，但是他对于自组织的执着和热爱，让他后来全身心地从事自组织的事业，在全球范围内各处演讲，培训，做项目，写书。他非常高产，他几乎每周都会日更他的文章。他对自己要求很高，这已经是他的第四本书了，所以才有福布斯杂志社为他做背书，他还登上了纽约时代广场的大屏幕。我想那一刻，道格一定是很开心同时也是怀着非常谦卑的心态，在跟世界对话："We are No-limits！世界是无边界的！"

这本书告诉我们什么呢？我在翻译的时候，也在一边翻译一边思考：在疫情之后的中国，这本书对于读者会有什么启发？从一个实践者的角度，我分享三点体会。

第一，中国正处于经济下行的时期，和很多企业家在聊天的时候，说到之前只想着公司上市可以躺平，现在只想着公司每天可以"开市"就好了。疫情之后，倒下了很多企业，还在活着的企业很多也在生存线上挣扎着。这个时候谈组织进化似乎是一种奢侈，先活下来再说。我非常同意。开门七件事，柴米油盐酱醋茶。养一家企业等于要养活几十、几百甚至上千个家庭，可不是儿戏！然而，现在就连一直强调"管控模式"的华为都开始提出要关爱员工，要懂得如何激发90后、00后的动力。领导者如果只是将自己的焦虑无限地向下传递的话，只会让组织越来越紧。这时，换一个视角看世界：从企业存在的本质说起。客户为什么买你的东西？因为有价值溢出。拿全球最

突破边界：自主管理的原则与方法

赚钱的公司苹果说的话，它的价值溢出可以高达90%。客户买的不是产品本身，而是产品所代表的价值，是庞大的网络系统。那这些价值溢出肯定不是企业家一个人做成的，马斯克也不行，要靠员工，而且是能力很强的员工。所以选人比培养人更重要。你选能力强的员工，那么就不要指望着他们会"听话"，听话的员工多了，公司变成了"听话文化"，老板爽了，公司垮了。因为这间公司只有老板一个人在思考，在承担责任。所以要创建一个优秀的员工源源不断产生的公司，那就需要把自由、担当这样的价值观元素放进来，而且老板要身体力行。否则你也吸引不来优秀的员工。

第二，自组织太难了！没想好也别做。但是自组织和自主管理是两件事儿，总有领导者把这两件事情弄混。很多人对于自组织的理解就是把管理者干掉，员工自己组织自己玩儿。确实没错！自组织特别强调"管理税"的概念。在书里举了一个非常形象的例子，在这里我先不剧透，大家可以到书里的第二章查阅。确实正如道格在书里所写的，其实公司里并不需要所谓的"管理者"，真正的管理者应该是everywhere，everyone！因此自组织的前提是员工能够拥有自主管理的意识和能力。而这个前提条件是很多公司忽略的，中间略过很多步，直接到了"砍掉××部门负责人"的地步，让公司与员工两败俱伤。从我和很多客户、企业家接触下来，我的观察是，自主管理可以是员工个人的能力，也是可以升级为一种组织能力的。当员工真正地培养出自主管理的意识和能力之后，也就是成为所谓的

译者序 拉开自组织的序幕 行者无疆

"成年人"，就具备了充分的自组织的条件。在中国大的政治经济格局背景下，每个人都被鼓励要创新、要具备创业担当的精神，培养这样的能力一定是被鼓励的。而书里会讲到很多方法，可以直接拿来用。

第三，人们总说，你很难赚到自己认知边界之外的钱。我们生活在这个广袤的大地上。过去的三年里，我们不得不在自己国家的边界里、城市的边界里、家庭的边界里工作和生活。我们被困在自己的孤岛里。这本书的中文书名叫作《突破边界》，其实是提醒我们每个人，无论你是一名企业家，还是一个顾问，或者是人力资源专家，抑或是你对于组织发展、个人发展话题特别感兴趣的伙伴，先从自己这里打破认知的枷锁，自我的限制，就是突破边界的开始。而组织也一样。我们可以在有限游戏里徘徊，同时也可以到无限游戏里去畅游。所有的这一切都是自己对于情景的框定。你也能从这本书里找到很多不错的方法。

很开心，这次受道格的邀请翻译这本书。当一本好书跨越语言和文化的障碍，被翻译成另一种语言、传递到新的读者群体中时，其意义和影响也将得到进一步的推广和传播。《突破边界》是一本充满创新和启发性的书，对于那些追求自我管理和组织领导能力的人来说，它是非常有价值的指南。作为译者，我深知将一本好书翻译得清晰准确的重要性。在翻译过程中，我不仅需要充分理解原文所表达的意图和思想，还需要将其转化为另一种语言，并保证翻译后的文本流畅自然、符合中文读者的习惯和口味。但是我已经尽我所能。大家在读文字的时候，如果有不通顺的地方，请谅解。书是一种沟通的媒介，我也很期待有机会和大家一起交流这本书给你们的感受。本书所探讨的无界组织和自我管理等主题在中国的实践中也得到了广泛的应用和发展。因此，我非常期待通过我和其他几位小伙伴（黄师傅、Rita 和 Lily）共同的翻译工作，将这些宝贵且有启发意义的思想传递给更多的读者，并通过书籍的力量，为中国的组织进化发展和进步作出贡献。

道格的新书《突破边界》探讨了组织自我管理和自组织发展的重要性。这本书强调了组织应该追求"无界"状态，即不断突破传统的界限和限制，以达到更高的绩效和生产力。作者通过丰富的实例和案例，教导读者如何营造一个自我管理的组织环境，如何通过减少层级和鼓励员工自主性，使组织更加灵活快速地响应市场需求。本书的受众面广，包括组织领导者、管理者、创业者和任何拥有梦想和追求卓越的人。如果你希望探索和实现组织和个人的自我管理，那么《突破边界》是一本值得一读的书。它将帮助你了解自组织的概念和实现方法，并提供宝贵的建议和指南，以帮助你构建一个更加灵活、自主和高效的组织。

刘娜（纳澜）

目 录

序 // 001

引言 生活是（或者本该是）一场交响音乐会 // 003

第一部分
自主管理的未来

Chapter 1 官僚体制的崩溃 // 015

官僚体制的崩溃 // 019

一个没有官僚体制的职场 // 019

21 世纪世界里的 19 世纪官僚体制 // 020

懒而蠢 vs 带着使命工作 // 023

官僚体制崩溃之时 // 024

管理的真相 // 025

Chapter 2　官僚体制：15 个不可避免的挑战 // 031

　　挑战 1——生产和销售 // 033

　　挑战 2——人力资源 // 034

　　挑战 3——竞争优势 // 035

　　挑战 4——战略重组 // 037

　　挑战 5——权力 // 038

　　挑战 6——管理税：官僚制的硬美元成本 // 040

　　挑战 7——创新和改进 // 041

　　挑战 8——吸引和保留人才 // 042

　　挑战 9——企业脆弱性 // 043

　　挑战 10——职场毒性 // 043

　　挑战 11——组织结构图 // 045

　　挑战 12——与 21 世纪的期待不一致 // 048

　　挑战 13——蓝领 vs 白领智商 // 050

　　挑战 14——恐惧、焦虑和可预测性 // 051

　　挑战 15——未来以及身处其中的人 // 052

Chapter 3　自主管理的力量 // 055

　　原则和哲学的力量 // 057

　　自主管理无处不在 // 058

　　自主管理：职场的双赢 // 061

　　简单、优雅的职场解决方案 // 063

目 录

超越授权 // 064

权力和社会/经济的双赢 // 068

组织的自主管理是全球性的行为 // 071

欢迎来到为自主管理而设计的未来：11 种催化剂 // 074

Chapter 4　在计划自主管理转型之前：关于自主管理的考量 // 077

自主管理转型：常见问题解答 // 079

开启你的自主管理之旅 // 090

第二部分
自主管理路线图

Chapter 5　新的工作方式 // 093

从奴役到救赎 // 095

哪条路适合你？（提示：没有"正确"的答案）// 096

合弄制 // 097

民主制 // 098

远程制 // 100

全民共治 // 101

流线制 // 103

微单元制 // 105

锐意发展的组织（DDO）// 106

企业的自主管理：释放无限潜力 // 111

一个建立在爱之上的全球性企业 // 113

ROWE（完全结果导向制）// 114

横向管理 // 115

自主管理 // 115

有层次的自组织与纯自组织 // 116

公司如何决定采用哪种模式？// 118

Chapter 6　在自组织的光谱中确定你所在组织适应的位置 // 121

评估公司文化 // 123

整体评估：平衡所有利益相关者的福祉 // 124

评估个人和商业价值 // 127

塞氏企业：激进的良知企业 // 128

Fresh Fill：更好的世界，更好的业务 // 129

转变为自组织 // 131

评估未来工作场所的需求 // 136

无限制的自我评估测验 // 144

Chapter 7　创建你自己的自组织管理哲学和原则 // 151

维持一个强劲的人际网络 // 152

最佳实践和共性 // 153

自主管理原则无处不在 // 161

自主管理的原则源于法律 // 162

优化核心价值观 // 163

核心价值观的两个极端 // 164

核心价值观与公司章程 // 165

明确你的原则，创建你的章程 // 166

明确并最终确定公司声明 // 168

你的企业存在的理由 // 174

Chapter 8　自主管理的隐含假设（或预期）// 177

有效自主管理的挑战 // 179

谋权者或政客 // 180

害怕或厌恶变化的个体 // 181

被动型和被动攻击型的同事 // 181

圆滑的授权者或伪专家 // 182

有效自主管理的三大超能力 // 183

集体智慧 // 184

作出和履行承诺 // 185

招聘、筛选和选择新员工 // 188

自组织中的解雇 // 188

拥抱无处不在的创新 // 190

放弃传统决策 // 192

责任之环 // 194

绩效评估将死 // 194

管理冲突和分歧 // 196

动态预算 vs 传统预算 // 197

工作即乐趣 // 198

培训，提升商业的可持续发展 // 198

Chapter 9　如何开始自主管理？// 201

启动：谁应该参与？// 203

咨询顾问可以帮你启动自主管理项目 // 205

向前一小步 // 206

从这里开始：20 个关键点 // 208

Chapter 10　将自主管理带入生活：真实世界里自主管理实施的 12 个组件 // 215

自主管理实施的 12 个组件 // 217

结语　让"无限制"成为现实 // 234

致谢 // 238

序

我们每天都在自主管理，只是自己很少注意到。我们自主决定关注什么信息，读什么书；我们决定自己的吃穿住行；我们决定什么时候工作，什么时候玩耍，什么时候说话，什么时候聆听。

我们还决定我们喜欢做什么样的工作。去哪里最有机会找到那样的工作，然后每天做那样的工作。我们决定和谁交往，当然，要成功地做到这一点，首先必须确认对方也想要与我们交往。我们必须确认他们是有意愿和能力的；而且我们必须取得他们的同意。

在道格的前一本书《超越授权》中，他明确定义了自主管理如何用于组织："组织的自主管理是指个人在原则的指导下自由自主地履行传统管理职能（计划、组织、协调、人员配备、指挥、控制），进而摒弃了机械的等级制度或对他人武断的、单方面的指挥权威。"

所以，你在这本书中读到的将是一种深刻有力的应用哲学，它有可能改变你的工作和生活。通过这本书，道格既精彩地描述了它，又教你如何应用它。在本书的第二部分，道格提供了一个清晰而实用的实施路线图，其中一些工具可以帮你确定方向并在此过程中提供指导。你将要读到的就是这样一本非常实用的书。

大势所趋。有一股不可阻挡的力量正在推动组织自主管理的哲学向前发展。而这股力量是由技术驱动所带来的持续不断的变化。这一点在新的工作领域表现得最为明显。

反应迟缓的组织会发现，它们根本无法参与竞争。现在，对外界环境的感知和反应能力，尤其是大规模的感知和反应能力，对生存而言至关重要。采用自主管理的组织之所以能够蓬勃发展，恰恰是因为它们比那些不采用自主管理的组织更有效率、更有意识、更有适应性，更容易抓住机会。

很多软件产品或 SAAS 公司是自组织的典范，这并非巧合。这些当代的企业充分理解变化的无情，以及如何在加速的变化中更多运用自主管理工具。

这个趋势很大，而且才刚刚开始。道格的这本新书具有非常重要的意义，它将帮助定义整个领域，并为你实施关于组织自主管理的原则和指导提供教程和参考指南。

我相信这本书一定会被广泛引用，并且经得起时间的考验。希望你喜欢。

——丹尼尔·梅迪克 www.DanielMezick.com

吉尔福德，康涅狄格

2019 年 1 月 22 日

引 言
生活是（或者本该是）一场交响音乐会

最简单的原则创造最强大和惊人的效果。

——托马斯·迪克

19世纪牧师、宇航员、哲学家

有些人是幸运的：当他们的信仰、渴望、梦想和实践汇集结晶在他们的体验中时，他们会经历生命中一个开创性的时刻。对我来说，这样的时刻发生在几年前，在观看莱希的演唱会时。

莱希乐队由11个莱希兄弟姐妹中的8人组成，他们在安大略省的农村长大。莱希，是一个充满活力的、爆炸性的、脉动的组合，由我们曾经见过的最熟练和最有天赋的音乐家舞者组成。这些男男女女所做的一切都令人惊叹不已。无论是否热爱爱尔兰祖先的音乐，大多数人都会对莱希所呈现的十足的同步性和这个家族的艺术家所达到的卓越水准感到震撼。那天晚上我观看了他们的音乐会，我看到乐队成员在一起聚合、分开，把聚光灯传给彼此，所有这些都是在完美的音乐中完成的，保

突破边界：自主管理的原则与方法

持着从未减弱的音高、能量和强度。他们当中没有绝对的领导者；在持续不断的交替过程中，当前的领导者是任何需要成为领导者的人。没有从属的音乐家或舞者。所有人对演出的成功而言都至关重要。乐队成员有时会被打在聚光灯下；在其他时刻，他或她会退后一步，为其他人加油。

莱希既是一个家庭也是一个乐队，但那天晚上我和其他观众一起看的时候，十足的同步性使它变成了乐队成员自己笑着承认的那个词：动词。这是因为，在其表演中，莱希正在朝着完美的方向腾飞。莱希乐队成员可以自由地用激情和快乐去完成他们的工作，每个人都将自己的成就提升到越来越高的水平，整体也如此。

而且，正如乐队成员在表演过程中不断诠释的那样，莱希也是一个名词：它是一个将使命、战略和流程固定在其艺术背后的组织。莱希兄弟姐妹是自由而坚定地相信莱希使命的同事，尽他们所能支持这一战略，并在热情地执行这个流程。合作证明了一切；来自任何一方的控制都会扑灭这份喜悦。每位表演者的精湛技艺和执行力都被鼓励走向完美，推动莱希作为一个整体，向更高的层次发展。

即使是在某一个晚上的音乐会中，兄弟姐妹之间的关系有时也很明显是一种指导。演出期间的调整被所有人接受；他们只会提升结果。最后，一种充满活力、不断变化的团队合作形式演变成令人赞叹的同步性，呈现在了观众面前。我从来没有像那天晚上看莱希的演出那样，亲眼目睹在音乐会工作的真正

引言　生活是（或者本该是）一场交响音乐会

意义。

后来，我想到了这群卓越的音乐家能教给我们什么：他们以一种让我们每个人都能发挥领导、创新和表现的最高水平的方式，展现了激情、平等和工作的乐趣。在大约两小时里，我见证了简单原则（激情、平等和工作的乐趣）产生了巨大的复杂性（惊人的天赋和跨越无数等级的编曲）。

最后，那天晚上的兴奋之情巩固了我对自己人生的工作信条——我要帮助企业取得成功，放弃他们根深蒂固的陈旧信念，朝着两个简单而基本的积极乐观的原则前行：

- 第一，当人们感到快乐并对工作充满激情时，他们的工作效果最好。
- 第二，当他们没有被迫工作，只是遵守他们的自由意志对同事和组织作出的承诺时，他们就会以最高水平进行生产和创新。

这些简单的原则绝不是新事物。在整个历史上，承诺和不胁迫原则始终是法律制度和道德的基础。想想看，美国的国父们正是用这些原则来搭建美国政府体系的。我们国家最早的领导人以他们所能预见的各种方式建立了制衡体系，来保护人们的自由。他们这样做是为了让人们能够追求不可剥夺的生存权、自由权和追求他们认为合适的幸福的权利；这样他们就能掌控自己的命运。最后，对殖民地的强制统治确实导致了英国对殖民地控制的失败，于是，美国的民族独立实验开始了。

突破边界：自主管理的原则与方法

显然，为法律、公司治理和日常生活带来激情、爱心和人性化管理不仅仅是一件"美好"的事情。当需要推动车轮的人类能够在最高水平上自由运转时，当我们降低或消除任何一个群体或派别对其他群体行使权力的程度时，整个文明机器成功的概率就更大。生活作为一个整体，只有当我们全情投入，处于一种自由、自主和善意的状态时，才能够更好地生活。

在职场中也是如此：那些被鼓励去创新、领导和表现的人会表现得最好。然而，盖洛普发布的《美国职场状况》报告称，只有33%的美国职场人士对工作很投入，16%的人"主动不投入"——每年造成4830亿到6050亿美元的生产力损失。

真相是，公司根本无法承受这种员工对于工作的漠不关心和憎恨——或者至少是不喜欢。传统的管理已经破碎不堪了。我们需要一种新的、21世纪的管理方法来激励那些为组织付出大部分人生的人们的思想和心灵。

那么，问题的核心是，职场上的成功只与爱有关吗？多年前，晨星公司的创始人克里斯·鲁弗（Chris Rufer）在公司成立前的一次领导会议上向我提出了这个问题。总部位于加利福尼亚州的晨星公司已经成为世界领先的番茄产品加工商。并非巧合的是，它也是一家完全自主管理的企业的领先模式。我是那家公司创始团队的一员。

1990年，当在洛斯巴诺斯（Los Banos）建造公司的第一家工厂时，鲁弗就开始相信，自主管理是他管理组织的正确操作系统。20世纪70年代和80年代初，鲁弗还是一家货运公司的老板。他注意到，尽管存在层层管理，但由他负责送货的工厂大多效率低下、经营不善。他确信，毫无意义的官僚主义是大部分无效和无心工作的背后原因。鲁弗认为晨星公司不应该有任何级别的管理。正如他们对外部世界所呈现的那样，公司的同事（以前被称为"员工"）将在履行对同事和整个企业的承诺的过程中管理自己。多年来一直在他的脑海中萦绕，他最迫切想要解决的问题是："工作与爱有什么关系？"

那天（在我们意识到他不是在开玩笑），我们讨论了职场中的爱的概念，脱口而出了一些想法，但没有给出令他满意的答案。然而直到最近，我才看到了卡里·纪伯伦（Kahlil Gibran）的一句话，这句话似乎是迄今为止最好的回答："工作就是可见的爱。"纪伯伦继续补充道："如果你不能带着爱而只带着厌恶去工作，那你最好放下你的工作，坐在神殿的门口，接受那些带着快乐工作的人的施舍。"

这句话的第二部分可能听起来有点刺耳，但当你仔细想想，工作就是看得见的爱。通过为他人创造价值，我们表达了对他人的慷慨。毕竟，我们不能把薪水看作生产更安全的汽车、制造更好的起搏器或解决宇宙之谜的唯一动力和满足感。那些热爱自身所做的事情的人正是通过他们的所作所为为他人奉献的。更重要的是，通过将人性重新融入职场，我们回家后也会在我们的生活中传播爱。

几年前，凤凰城大学的IT和客户服务业务部门负责人斯蒂芬妮·戈尔登（Stephenie Gloden）发现了我的第一本书《超越

突破边界：自主管理的原则与方法

赋权》(*Beyond Empowerment*: *the Age of the Self-Managed Organization*)，她认为书中的那些原则在她的公司会很有效。据斯蒂芬妮说，她所在的50人小组在同伴问责和信任方面遇到了问题，结果，该团队在业务新的敏捷结构中遇到了障碍。尽管公司采取了赋予员工更多自主权的立场，但其科层制指挥链仍在传递不同的信息。斯蒂芬妮团队的成员不愿绕过管理结构，她一直在寻求帮助。

在2017年的一次播客采访中，斯蒂芬妮回忆道："道格在书中问了一个问题，让我们很感兴趣。当你独自一人在你的个人生活中买房子——一个重大的决定——你会请求谁的许可？你不会！你可以咨询或做功课，但最终是你自己做一个非常重大的决定。那么，为什么当你走进公司大门后，就不能做出类似的重大决定呢？"

在她的团队阅读并讨论《超越赋权》之后的12个月里，该团队成功地实施了自主管理，障碍也消除了。小组成员随后发现了这个实验的一个奇怪的副产品：这些原则不仅被证明对团队成员的工作生活非常有帮助，而且所有成员都发现，因为这些原则是如此简单，他们无意中还把这些原则融入了工作场所之外的生活中的各个方面——公民、社区、家庭和信仰。

斯蒂芬妮解释说："这绝对改变了我们看待他人的方式，帮助我们每个人成长为一个'人'。"她说，在职场中的一对一责任制，帮助每个人从根本上关心他人，并"看到坐在我身边的那个人"。这种方法与在科层制结构的组织中截然不同。在科层

引言 生活是（或者本该是）一场交响音乐会

制结构的组织中，员工希望上级管理员工关系，并在出现问题时干预个人和群体之间的关系。

斯蒂芬妮的故事也让人想起博组客（Buurtzorg），这是荷兰一家蓬勃向上的医疗保健公司，完全是自主管理的。富有远见的创始人 Jos de Blok 和博组客人深信自治和自主管理，他们创造了一个系统，在这个系统中决策权来自员工而不是老板，这种下放的结构消除了中层管理人员。博组客的 9000 名家庭护理人员远程工作，并到病人那里进行护理，他们可以自行决定提供什么样的护理服务，因为他们离病人最近。这些护理人员受雇于该公司，但被视为独立的专业人员。博组客是一个正在运行的自组织的杰出代表。

有人会认为，在越来越多年轻创业者和千禧一代员工涌现的时代，组织将以前所未有的速度扁平化其等级制度。毕竟，有很多报道称，他们，尤其是千禧一代，无法在传统的等级制度组织中很好地工作。事实上，当这些年轻人不能自主管理和创新时，他们往往会逃离。因为有两个千禧一代的女儿，我对这种现象有亲身体会。我的一个女儿为一家科技出版社工作，这是一家 21 世纪的先锋出版社——显然应该是一个未来的职场，但事实证明，并不是这样。该公司的组织结构仍然与 19 世纪的任何组织一样。我的另一个女儿受雇于洛杉矶一家著名的非营利机构。她所在的部门只有 10 名员工，但作任何决策都要经过四级管理层才能审批下去。

一些组织可能会标榜自己年轻、有创业精神和具有未来主义，可它们的运作方式仍是工业时代的老模式。但是，与之前的婴儿潮一代不同，千禧一代越来越清楚地表明他们不会为了证明自己而连年通宵达旦地做琐碎的工作。如今，世界各地的媒体报道称，千禧一代正在颠覆医疗保健业和银行业等。这些垂直行业还在拼命地吸引、吸纳和留住新员工。随着世界各地的公司开始逐渐改变传统的组织模式，以求让千禧一代留在公司内部，这场运动已经趋于全球化。（最近我与迪拜的商界领袖进行了交谈，他们也正为如何解决和我们在美国面临的同样问题而头疼。）

和我上学时比，整个世界已经发生了很大的变化。上学的第一天，老师发给我们一支蜡笔和一张水牛的轮廓图，让学生把水牛涂成棕色。那天，我想用两种不同的颜色来创造我自己的特殊的水牛——结果第一次作业我就得了个不及格。那时我了解到，创造性、革新性和对创作的热情不被重视；而我只有做别人让我做的事情才是对的。

不出所料，成年后，我着迷于组织自由和责任之间的张力。（我们如何才能在一个组织中自由创新？我们的工作应该向谁负责，以及什么是我们最终在职场中取得的成就？）我有幸担任晨星公司的首任财务总监，鲁弗在该公司引入了自主管理的核心原则。在晨星，我开始了解，自组织是可行的，而且可以有效地驱动卓越的商业表现。

2008年，我帮助成立了晨星自主管理学院，旨在通过有效的教育、工具和实践推广，使组织的自主管理原则切实可行。

引言　生活是（或者本该是）一场交响音乐会

后来我在 2013 年发生了一场严重的车祸，虽属灾祸，却给了我新的启示，让我更新了自己的使命，那就是为世界各地的企业分享一个更美好的未来图景。这场车祸并没有让我颓废，反而激发了我看到 21 世纪企业重生的决心。

今天，作为全案国际咨询公司 NuFocus 战略集团的合伙人，我在北美和全球范围内就自主管理开展演讲和咨询。我通过我的书、TEDx 演讲、文章和帖子来分享组织创新的信息。组织创新是我的个人使命，我还参与了"伟大的工作文化"、"工作革命""创新文化中心"以及其他团体和社区，以期共同创造未来的组织。

在这里，在这本书中，你可以开始自己的旅程，奔向充满无限增长潜力的 21 世纪企业。通过这本书，你将真正了解你自己的组织和员工们不可估量的力量。从这本书里，你会学到：

- 为什么当地以及全球的官僚主义崩溃意味着组织的未来在于自主管理？
- 如何让自主管理的原则，同时也是生活本身的基本原则赋予自主管理在职场中的无限力量？创新、领导力、激情无处不在，将企业推向无限高度。
- 为什么在职场中"管理"他人已经过时，而且最终会在很多层面上弄死自己？
- 为什么现在你自己的公司正在支付巨额的"管理税"？你如何才能把这些资金投资于即时增长？
- 自主管理的现代驱动力是如何将传统的科层制转变

突破边界：自主管理的原则与方法

为网络型组织——也包括你的企业？

- 在开始企业转型之前，如何对企业和个人的成功进行严格的自我评估？
- 如何在实施前通盘考量并巧妙地落实自主管理？
- 如何向企业的其他人做一个向自主管理转型的强有力的示范？
- 为了确保成功，如何将真实世界的自主管理模型和最佳实践应用到自己企业的组织转型路线图上？

是的，自从我们被要求"用一支蜡笔上色、待在边界内、别问问题"以来，世界已经发生了很大的变化。今天，我们这个快速发展、不断扩张的世界需要积极进取、勇于创新、自主导向的领导者。这些领导者可能来自组织的任何角落。这些领导者将无所畏惧地创造工作环境，让每个人齐心协力、不受约束地努力，并致力于在一个定位于无限成功的企业中追求卓越。任何企业都可以转变为"无限制企业"，每个人都可以自由创新，开辟新的道路，为所有人带来巨大利益。克服这些挑战不需要复杂的管理层级；需要抛弃古老的层级控制的能力，需要所有人最简单特性的信任：用奉献和爱去创造的渴望。

道格·柯克帕特里克
旧金山，加利福尼亚，2019

第一部分

自主管理的未来

> 简单、清晰的目标和原则,能够让复杂而聪明的行为涌现;复杂的规则和限制,则会让简单而愚蠢的行为发生。
>
> ——迪伊·霍克,VISA 创始人

Chapter 1

官僚体制的崩溃

突破边界：自主管理的原则与方法

> 我可以毫不犹豫地断言，处理生铁的科学是如此伟大，以至能操作生铁并且足够冷静，且愚蠢地去选择这份职业的人，是很难具备能力理解处理生铁的科学的。
>
> ——弗雷德里克·W. 泰勒
> 美国发明家、工程师、科学管理之父

1990 年春天，加州洛斯巴诺斯郊外的一间小农房里。货运公司老板克里斯·鲁弗正在由厨房改造的"会议室"内策划一个番茄加工厂的结构，开创一家完全扁平化、无层级的制造型企业——晨星公司。不出所料，现在这三个晨星公司加州加工厂是行业里最大的三个独立工厂，它们加起来让晨星公司成为世界上最大的番茄加工企业。然而，回溯到 1990 年，当番茄的种子才开始发芽的时候，鲁弗和他的创始团队就已经开始关注

Chapter 1 官僚体制的崩溃

到要想让新工厂建立和运转起来,并在这个行业内创业成功,需要一种全新的竞争优势。毕竟,利益相关者义务、个人担保以及工人搬迁让赌注变得更大。

但是鲁弗还在思考另外一件事情。受益于 MBA 教育(以及多年在哲学方面的自学),他在思考 19 世纪的官僚体制模式为何长期占据主导,以及它如何限制了各类型企业的成功。当他作为晨星一站式卡车运输公司创始人的时候,他不仅完成了大学教育,也逐渐意识到由他负责运送货物的工厂——官僚体制管理的最佳典范,经常运转得很糟糕。

鲁弗认为,职场中的官僚体制扼杀了人类的自由、创造性、创新以及协作。他认为,在这个过程中,官僚体制阻碍了企业对卓越的追求,并且违背了其初衷,让企业无法获得它应有的成功。一直以来,鲁弗对关系的哲学、人本原则以及职场中的管理实践充满好奇,并在这些领域广泛阅读。他逐渐形成一个信念,人们只有能够在工作中自由地自主管理时,才能获得最佳的工作表现,就如同他们在生活中管理自己那样。此外,他也坚信,那些能够有效并自信地学会自主管理技巧的人,通常也是生活中最快乐和成功的人。他认为,人本质上是自主管理的生物,同时也只有这样才能获得最好的表现。鲁弗因而得出结论,一家自主管理的企业,是能够让企业和员工同时获得终极成功的最佳可能模式。

鲁弗的新番茄加工厂和他之前的那家货运公司一样也叫晨星,将会不再仅由钢铁和砖头构筑而成;它将会依赖由哲学和

突破边界：自主管理的原则与方法

原则作为基础，以"自然流程"为主框架，实验鲁弗的理论。在晨星公司完全扁平（非科层制）的工作环境中，将不会有任何经理，也不容忍任何胁迫；员工在日常工作过程中将会通过相互之间许下的坚如磐石的承诺来获得成功。

事实证明，晨星公司的员工和他们的组织一样获得了辉煌的成功。正如商业流程权威罗杰·博尔顿（Roger T. Burlton）在他所著的《商业流程管理：从流程中获利》（2001）一书中所说："晨星公司是我所见过的流程化管理最成熟的公司之一。我从来没有见到过，甚至从来没有听说过，有任何一家公司可以以如此自然的方式管理人们的关系，完全由流程驱动，这是一个最佳工作场所。"

在博尔顿对晨星公司作出热情洋溢的评估之后的数年里，自主管理的企业在全球范围内不断涌现。有些公司是完全扁平的，而其他更多的是被划分为未来职场的各种模型，这些公司都给出了自己对于组织这件事的不同版本。它们通常被称为"体制"，比如合弄制［类似的有在线零售鞋业电商公司美捷步（Zappos）的循环自组织团队］。但是，无论公司领导者拥抱的是哪一种未来组织的模式，他们都意识到了官僚体制已经无法在21世纪的企业里良好运转，同样也不适合在企业里工作的人们。至少，在当今世界里不可行，当然，在即将看到的未来的世界里更不可行。

官僚体制的崩溃

事实是，大多数人大半辈子都是在笨重的、低效的、官僚的、科层制的组织中痛苦度过的，而这种组织已经不可挽回地崩溃了。每一年，公司都把大量的金钱和时间花在了处理生产、销售、竞争优势以及战略设备更新等管理工作上，而不是花在主动性上，这太令人发指了。这还不算花在人力资源管理工作上的时间和金钱，比如招聘、聘用、入职、员工保留、员工关系、职场毒性、缺乏多样性、解雇、再就业安置、士气、职场骚扰等。

正如盖洛普的报告表明，67%的美国职场人士每时每刻与他们的组织都是脱离的，16%的职场人士积极地脱离了组织。一个人可以想象出无数种积极的脱离形式，包括危险的工作操作、八卦、骚扰、吸毒、不恰当地使用社交媒体、缺勤，甚至蓄意破坏。每年这些脱离行为，造成了接近5000亿美元的生产力损失。这份报告也间接指出了一个已经严重持续损害全球经济的管理危机。

一个没有官僚体制的职场

想象一下，如果职场人士能够快乐地工作，并且被允许与同事享有富有成效且令人满意的工作关系，而不用刻意"表现"，并为其他人创造出价值和愉快，那么职场会变成什么样子？相信人们在工作中可以尊重他人的时间、富有同情心、充满能量，同时也能慷慨地为社会和全人类作贡献，这是不是一个乌托邦式的梦想呢？

如果我告诉你上述场景能令一家企业——你的企业，将100%的精力和注意力投入到平衡所有利益相关者的需求上，同时也为顾客提供最有价值的产品和服务。毕竟，真实世界对利润的定义就是"创造的价值大于你消耗的价值"。

如果我所阐述的对人、企业、社会的"三赢"在你听来不大可能，那么你现在必须了解，在世界上越来越多的地方，像克里斯·鲁弗这样具备前沿思考的领导者们正在从自主管理中获益，而你同样也可以。为了实现这个目标，你需要以全新的视角来看待你所在的职场和公司的潜力，你也需要放下长期抱持的假设和信念，在过去几十年，甚至一个世纪里，这些假设和信念都没有给你或你所在公司的领导们带来任何好处。现在，无论你是否意识到，你和你公司的领导们都已经陷入了19世纪工业时代的官僚体制的泥潭里，在衰败的管理下摇摇欲坠。我们从来没有认真评估过这些管理的糟粕对于职场、员工、公司业务以及利润潜力的真实影响。

是时候好好审视一下职场里的官僚体制，并准确理解它为什么不再奏效了。

21世纪世界里的19世纪官僚体制

随着18世纪晚期工业时代的到来，世界各地的商业领袖们开始寻求已有的组织模式来提高生产以及提供大众所需的产品和服务。不出所料，他们很快认定，军队提供了最好的（坦白地说，唯一的）组织模式，用于招募、动员、培训、组织以及管理庞大的工人队伍，无论是否受过训练或是其他情况，这些工人是生产或大或小的大量产品所必需的。对于一个努力建设一条只有摩斯密码、电报以及"小马快递"来传递信息的横跨大陆铁路的国家来说，官僚体制是当时的决策者最好的选择，也是唯一的选择。

产品和服务的需求快速扩大。企业需要大量的工人，而它们只需要保持工人全速生产，否则便会遭受竞争的后果。很快管理成了润滑齿轮的润滑油。工人则是驱动齿轮运转的轮齿，他们需要润滑油。

作为19世纪管理实践的先驱，弗雷德里克·W.泰勒为未来一个多世纪的商业官僚体制设定了标准。泰勒被称为科学管理之父，他坚信应该把控制权从工人（那时候一直是他们在决定任务的最佳完成方式）转移到经过训练的经理，从而监督他们。他坚持认为，为了在新世界的大量生产中获得最大效率，管理者最具有资格处理脑力计划工作，而体力劳动者只需严格执行管理者安排的工作并与他们沟通即可。然而不久之后，职场中的怨恨情绪成了一个额外的压迫性挑战。当工人的反抗和罢工开始变得越来越普遍，为了应对新的管理挑战，又不得不增加更多层级的管理者。

在接下来的一个世纪里，商业世界里的官僚体制继续滋生出一层又一层的命令和控制式的管理，通过这些管理，信息涓

突破边界：自主管理的原则与方法

滴到工人手中，却很少逆流而上。一方面，老板们把员工看作可消耗的人力"资源"或"人头工时"（视人不为人）；另一方面，管理理论和实践则迅速发展，以处理与压抑和怨恨有关的所有员工问题。

在19世纪——一个几乎无须过脑只需动手的流水线时代——的商业世界里，由老板、主管、经理和副经理将信息逐级传递，军事风格似乎还是有一点意义的。毕竟，如果沟通系统是非常原始的，工人又怎么能实时地在任何事情中获得可操作的信息呢？在大多数时候，人们所依赖的信息流是从上层决策者过滤到底层的操作工人。

直到今天，官僚主义管理的理念不仅在商业世界中充满挑战，在军事环境里也如此。一段时间以来，媒体已经报道了，在某些地区军事管理正向自主管理模式转变。某些等级和流程可能会延续，但整个师和战队，大部分（如果不是完全）是自主管理的，比如海军的海豹突击队和航空母舰飞行甲板战队，以及军方以400多英里（1英里≈1609米）的时速编队飞行的蓝天特技飞行队和雷鸟神机队。

相反，纵观历史，对权力和官僚主义的怨恨和沮丧有时会在武装部队中表现为"蓄意伤害"。这已不是什么秘密。例如，在越南战争期间，由于指挥官掌握绝对权力，士兵无法承受压力，有的人会把一枚手榴弹"错误"地投向特别专制的军官。看起来，即使是军人，当他们有能力管理自己和施展技能时，也不喜欢不必要的强制。

懒而蠢 vs 带着使命工作

让我们快速回顾一下 X 理论和 Y 理论（20 世纪 50 年代末由麻省理工学院管理学院的道格拉斯·麦格雷戈所支持的两种理论），就能清楚地说明人们对胁迫不满的原因：

> X 理论（描述官僚主义管理思想）认为，普通员工几乎没有野心，如果不加管理，他们就会逃避工作和责任，只追求自己的目标。该理论假设，这些人寻求工作以维持生计，天生懒惰，并不聪明，对亲力亲为的管理方式的奖励/谴责反应最好。
>
> Y 理论则认为大多数人工作是为了个人满足感而不是收入，他们享受工作，并且有内在动机为他们的组织实现目标。这样的员工被认为是企业的宝贵资产，除此之外，他们还能推动公司成功。Y 理论假设，这些人不需要被管理，他们会对自己的产出负责，并寻求为其组织创造高质量的产品和服务。

在 21 世纪的实践中，一个完美的 Y 理论组织的例子是近乎扁平化管理的戈尔联合公司（Gore-Tex 面料、医疗设备等的制造商），它经常被称为美国最具创新精神的公司。通过其自主管理的协会，W. L. 戈尔以向客户和消费者提供卓越的产品而闻名，并作为倡导和实施理念的先驱成了职场自由的标志。戈尔公司每年都在《财富》杂志"100 家最适宜工作的公司"排行榜上名列前茅，并且年收入超过 30 亿美元。

X 理论的一个严重缺陷是，对客户来说，与他打交道的是公司的员工。任何曾经与有线电视公司打过几小时令人沮丧的电话的人都知道，在一个非常长的命令与控制链中，在终端工作是种什么感觉。无论是客户还是员工，在这种互动中都不会对幕后的企业集团产生好感。而对于采用 X 理论模型的组织来说，可能会产生更严重的后果——功能障碍。最严重的后果则是组织的官僚体制本身的崩溃，在灾难降临前往往被忽视。

官僚体制崩溃之时

在现代，虽然已经有无数官僚体制的商业崩溃事件发生，但最值得注意的是联合碳化物公司的"1984 年 12 月博帕尔灾难"。数据证明，在这起悲剧性灾难事件发生后，由于化学气体泄漏导致的死亡总人数达到了 16000 人。目前还无法确定，此次泄漏事件本身究竟是由指挥链（从当时的 UCC 主席兼首席执行官沃伦·安德森开始）上"多米诺骨牌式"的责任崩溃所致，还是一名心怀不满的员工蓄意破坏。但毫无疑问的是，该组织内部普遍存在的官僚体制在这场灾难中发挥了决定性的破坏作用。

官僚体制的崩溃并不总像联合碳化物公司发生的灾难那样透明，因为它们往往是潜伏的，甚至是无处不在的。然而，这种崩溃的原因通常来自公司员工，他们在工作的大部分时间里，都在情感上远离了老板和经理希望他们全心全意为之服务的职场。

为什么这种情感上的脱离一次次地萌生？在实施了层级管理和管理措施之后，为什么在大多数公司里，"被管理"的员工对公司的成功如此不投入？潜藏在官僚组织结构中的挑战是什么？为什么官僚体制管理似乎不起作用？"管理"究竟是什么？

管理的真相

简单来说，管理就是事情是如何被完成的。就如埃及人如何建造金字塔，中国人如何建造长城，我们如何创建阿波罗计划和把人送上月球。所有在职场或日常生活中完成的事情都是通过某种形式的管理来完成的。然而，管理有多种类型。例如，建造金字塔和长城靠的是奴役，这是命令与控制管理的极端形式。在西方文化中，所有其他正式的（职场）管理的例子都是基于与组织、老板、经理和主管的联系。

如果我们把管理想象成一个连续轴，可以说命令和控制管理（从军队继承的管理形式和典型的官僚等级组织）位于中间。这就把奴役放在了一端，而纯粹的自主管理（人们每天管理自己生活的方式）落在了另外一端。

大多数的正式管理都充满着某种形式的命令和控制，这种命令和控制依赖一定程度的强制或胁迫，以促使人们去做他们发现自己需要做的工作。毫无疑问，类似主仆这样的法律辞令似乎仍然牢牢地粘在连续性的中心。在办公室"像奴隶一样工作"或拿"奴隶般的工资"这样的短语仍然司空见惯。

Dictionary.com 网站对"Employee"（员工）的定义是"为

突破边界：自主管理的原则与方法

他人或公司有偿工作的人"，尽管这个词已经过时了，但它仍然是职场中指代同事最常用的词。（当然，没有千禧一代会告诉你，当他所追求的是工作的使命和意义时，他的人生目标是为别人工作。）经理们仍然用"汇报对象"和"人力资源"来指代工作伙伴，就像他们不是人一样，或者"人头数"和"工时"，就像没有人参与到工作中，工作就神奇地被做完了一样。然而，在管理世界里，非人性化的语言并非偶然；它之所以被教导并延续下去，旨在防止管理者将下属视为充满创造力、想法和有热情作贡献的人。毕竟，控制人要比控制物体更麻烦，而在管理方面，一定程度的脱离会让事情变得更清爽。

在线性连续管理的右边（日常生活中，人们能够以某种方式完成自己想要的），比如人们自主决定购买什么样的房子和汽车，自主决定抚养孩子，以及管理家里的库存和补货。他们在全国或世界各地旅游。他们自主掌握理财、保险、医疗体检等方方面面。

然而，在日常生活中，管理不是可预测的，也不是静态的。毫无疑问，日常生活并不精确可控。相反，事情往往是通过高度创新的方式完成的，并且伴随着大量的承诺，甚至是快乐。人们寻求帮助，并帮助他人。他们需要确保孩子们放学后被接走，在晚饭时间被喂饱。他们甚至把全家召集起来精心策划一次假日公路旅行。日常生活中的管理是流动的。它涉及大量人际交往和社会契约，它也点燃了许多人的创意火花。更重要的是，它要求我们根据需要不断地改变方向，调换工具，并与新的合作伙伴和联系人建立新的联系。在日常生活中，大多数人不仅是自主管理者，也是自我塑造者，不知何故，我们可以在任何特定时刻成为我们需要成为的任何角色：护士、教练、家具制造者、厨师、汽车修理工、建筑师、时尚顾问等。至少，这绝对不是一种固定的生存状态。然而，不知何故，它是有效的，而且总能把事情搞定。

搞定事情就是管理。

官僚体制崩溃的 41 种迹象

检查一下清单，或者（如果有勇气的话）随机找一些员工给你做匿名的反馈。下面有多少项是你在职场中的真实情况？

1. 人们经常翘班
2. 长时间的工作是生活的一部分
3. 人们不太可能主动或创新
4. 失败是不可接受的
5. "救火"已成为家常便饭
6. 在网上甚至办公室讨论中，职场恶意攻击往往很明显
7. 人们不太可能更新自己的知识、技能，以及提高能力
8. 人们"保护自己"，不会主动寻找和分享信息
9. 辅导是不被鼓励或倡导的
10. 人们在自己的专业领域往往跟不上时代
11. 创造力不被鼓励；职场咒语："做好你的本职工作！"
12. 这里的人们被期望以"他们一贯的方式"做事

13. 该组织不提供追求创新的资源
14. 人们（无意或有意地）采取对他人不利的行动
15. 人们交流工作很难或者前后不一致
16. 人们不会主动互相帮助
17. 如果不互相指责，人们是不会互相问责的
18. 当被追究责任时，人们通常会变得自我防御或报复
19. 人们经常抱怨目标不明确
20. 领导并不会由那些最擅长某项任务的人来担任
21. 工作团队的领导者往往不是最适合达成团队目标的人
22. 面对改变，人们往往反应消极
23. 人们无法轻易地挑战那些可能过时的流程、关系或策略
24. 人们往往无法应对复杂的挑战
25. 改变工作条款和条件的谈判是不受欢迎的
26. 任务所需的资源是有限的，不能轻易增加
27. 决策权常常显得棘手、不恰当、不透明或不合理
28. 人们觉得对自己的工作几乎没有控制权
29. 人们觉得，在和谁一起工作的问题上，他们几乎没有选择权
30. 人际关系的特点往往是人们要么拔得头筹，要么拍马屁
31. 大多数人觉得他们的观点不受欢迎
32. 短期权宜之计往往比长期视角更受青睐
33. 人们太忙了，没有时间和精力去赢得别人的尊重
34. 人们不一定对为他人树立好榜样感兴趣

35. 人们通常不知道自己的表现如何，除非是在考核的时候
36. 人们通常不知道如何衡量任务，也不知道设定什么样的指标合适
37. 人们必须通过部门层级来完成工作
38. 人们通常不会意识到其他同事可能重叠或影响他们的工作
39. 新员工无法很快或很容易跟上步伐，只能靠自己
40. 组织不容易获取和共享相关的过程知识
41. 人们害怕因为自己的错误而受到纪律处分；掩盖事实的例子很常见

Chapter 2

官僚体制：
15 个不可避免的挑战

突破边界：自主管理的原则与方法

> （官僚体制）是对人类实施强制性控制的最理性的手段。
>
> ——马克斯·韦伯
> 19世纪和20世纪德国社会学家、
> 哲学家、法学家和政治经济学家

今天的公司和过去一样，必须生产满足（希望是愉悦）客户的产品和服务，并获得利润。显然，无论组织体系如何，在世界上取得成功的经济学原理并没有改变。企业必须能够满足所有利益相关者的需求，不管他们的组织模式是什么。

然而，在一个官僚体制内，挑战无处不在。对于许多首席执行官来说，生活往往更像是在一条丛林河流中航行，水面下有鳄鱼来回游动。过往的挑战还没解决，而21世纪的新挑战却如巨浪般袭来。也就是说，鳄鱼数量激增。

挑战 1——生产和销售

无论贵公司采用哪种组织架构，生产、销售、服务和分销需求都不会改变。生意的本质一直是人们高效完成工作，准时向客户提供有竞争力的产品和服务，或者以优于竞争对手的方式提供更大的价值。这里的关键是对风险的感知，因为官僚体制管理者面对自主管理的前景往往会说："这太可怕了！如果我没有督促销售、分销和生产人员完成他们的销售额度和保证质量，我如何完成我的指标？"

晨星公司的克里斯·鲁弗可以回答这个问题，因为他最初的目标是提供比现有的番茄加工商更好的市场价值和服务，在第一家工厂开业后的几年里，晨星公司确实控制了整个市场的份额。公司员工也通过自主管理实现了高敬业度——体现在高保留率和低离职率上，很大程度上让竞争对手相形见绌。与（市场平均水平）67%的工作者不喜欢他们的工作（充其量是在走过场）不同，晨星公司的员工会努力去通过创新和合作，找到越来越好的方法来满足客户的期望，并在这个过程中让自己的工作有趣、高回报甚至令人兴奋，同时他们也为自己创造了新的职业道路。高的员工敬业度水平直接转化为更高的生产吞吐量和不断改善的客户服务，业务指标也呈上升趋势。

在官僚体制内，依靠管理层不断督促和激励员工（"我们如何让员工完成自己的工作？"），挑战无处不在，老板们每天被各种人员管理问题及由此产生的对生产、销售、服务和分销的影响这些琐事所消耗。在销售部门，销售人员通常会自发地直接与客户互动，因此比组织中的其他部门的人员更加容易自主管理，但是各种官僚化的日程安排和政策也可能造成严重破坏。只要回想一下有关2016年富国银行信用卡丑闻的头条新闻，银行员工们在销售政策的激励下创建了300多万个虚假客户账户，这些账户还给公司造成了数不清的高额费用。富国银行的声誉遭到了不可估量的损害，到目前为止，它在市场上的长期竞争地位仍未恢复。

挑战2——人力资源

"在一个组织里，谁是那个最适合甄选、保留、任用、评估以及解雇（需要时）某个员工的人？"如果不先回答这个问题，开展关于人力资源的讨论是不可能的。在一个一直以来建立在从政府和法律界借鉴的人事政策和做法之上的官僚等级制度中（而且，如果你仔细想想，主要是为了保护企业主和经理免受心怀不满或捣乱的员工的伤害），下意识的答案是，"当然是人力资源人员！"然而，放到更广阔的范围内，其实是那些和他们并肩工作和/或一起合作的人，他们最了解工作的需求、有哪些"坑"、最适合工作的个性类型等。那些与他们一起工作的人也最有资格准确地知道他们所聘之人的能力；毕竟，没有人比自己更了解手头的任务了。如果新员工没有发挥作用或工作中出现问题，在问题蔓延引发整个企业的连锁反应变成大麻烦之前，他们的同事或同事们应该早就发现问题的。

与此同时，一家官僚体制企业有大量的政策和项目，年复一年地增加，其目的都是让员工走过场，无论是招聘、解雇、防止性骚扰培训，还是其他什么。然而，这些流程政策的问题是，它们是一刀切的，也就是这将所有公司员工挤到一个共同的分母里——通常是最低的。这种标准的流程也让人们保持距离，这意味着当某个员工出了问题时，管理层往往是最后一个知道的。在官僚机构中，对人力资源专业人员来说，最大的挑战是，当他们在为让许多员工通过他们授权的程序和流程而自我陶醉的同时，他们几乎没有采取任何行动来解决67%的员工敬业度不足的问题，这个问题才是该公司在市场上是否取得成功的关键。这些人力资源流程也无助弥补由于员工敬业度不足而带来的真金白银的损失。

经常有人问我：自组织在雇佣和解雇员工时，是否拒绝承担用法律保护其组织的责任？我的回答是：一点也不，他们也没有忽视性骚扰培训之类的需要。自组织只是努力以尽可能高效的方式来做这些事情，同时把对业务的影响降到最低。

挑战 3——竞争优势

几十年来，官僚机构已经开始把竞争优势的概念看作朝着可量化目标努力的结果，而增长是这些目标的首位。这种朝着可衡量目标的努力可能只是军事指挥和控制遗留下来的又一个残羹冷炙。然而有趣的是，"竞争"这个词并不是源于军队。它

突破边界：自主管理的原则与方法

来自 competère，拉丁语的意思是"一起学习，一起寻找"。

在自主管理中，竞争优势来自个人向他人学习，共同寻求解决方案。业务单位与其他业务单位合作并向其学习，工厂向其他工厂学习，整个公司向外部组织学习。正如彼得·圣吉（Peter Senge）在《第五项修炼：学习型组织的艺术与实践》（*The Fifth Discipline：the Art & Practice of the Learning Organization*）一书中所描述的，持续学习型组织是自主管理的核心，其竞争优势自然产生于持续的开悟，也因此产生于持续的改进。

然而，在官僚主义的商业世界里，公司会设定可量化的增长目标，以在市场中获得优势。"我们今年的目标是收入增长 10%"，或"我们要销售额以每年 15% 的比例增长"，用这种宣言设定目标，并宣布给全球市场和投资人，公司一直在增长，值得投资。问题是，当你设定这样的目标时，你也鼓励走捷径，不顾一切实现这些目标，这就把正直和追求卓越抛在了脑后。任何关注安然（Enron）故事的人都会认识到这个问题。安然本身过于激进和不切实际的增长目标（以及其他一些目标），使其成为巨大的牺牲品。

有趣的是，客户喜欢卓越的产品和服务，他们对他们可以信任和笃信的公司非常忠诚，而这些公司回报以诚信。在通往竞争优势的两条途径中，他们要么通过任何可能的手段来实现关键绩效指标（KPI），要么创造一个可以让卓越和正直蓬勃发展的环境，而后者轻而易举地取胜了。我们也看到，每隔十年，通过各种手段实现增长以获得竞争优势的官僚机构就会暴露出重大危机。

挑战 4——战略重组

我先问你两个问题：

1. 你一生中做过多少个五年战略规划？
2. 在你参与战略规划的过程中，你的公司错过了多少战略机会？

你可能认为这两个问题没有直接联系，但它们确实有关系。事实证明，战略与五年计划无关。战略和应急计划有关，因为你正在观察市场和整个世界的潮流和现状，并密切地感知变化之风向。当机会和风险同时出现时，战略需要迅速而果断地行动。战略重组与敏捷、快速、机敏、灵活有关。

但是，官僚机构过于适应它们的生态位和流程，在某种程度上，失去了任何快速有效地进行战略重组的能力，因此无法迅速地抓住机会或敏捷地应对风险和威胁。只要看看曾经伟大的市场领导者柯达公司（伊士曼柯达公司）就知道这一点。当数码摄影市场正在萌芽的时候，拥有数码摄影专利的柯达公司却无法动员其庞大、缓慢、垂死的官僚机构采取行动。受困于无穷无尽的管理、流程、审批和信息渠道，该公司仍然深陷正在消失的胶片摄影领域无法自拔，并眼睁睁看着一个全新的行业从它的指间溜走——虽然它手里握着通往这扇金色大门的钥匙。

与此同时，自主管理的企业是网络化的、以行动为导向的组织，是天然有机的，因此可以更容易地移动和转向。我们将在下一章中讨论这个话题。

挑战 5——权力

我们不能一边忍受着传统职场中员工离职所带来的巨大硬美元（成本）和软美元（代价），一边却忽视权力滥用在其中扮演着重要角色。就在最近，在西海岸一家新开的便利店 Fresh Fill 举行的招聘会上，一名 20 多岁的员工直截了当地对我说：

> "我们想要自主管理，因为我们厌倦了人们围绕在我们身边，在这种环境里，事无巨细地管理我们所做的一切。"

我们绝对不能低估权力控制对人们所造成的伤害。先不说造成人才、技能和创造力的浪费，更糟糕的结果是这让经理、主管甚至普通员工更感兴趣的是控制，而不是帮助人们消除障碍，从而让人们做他们本来应该做的事情：计划、协调、选择、预算并组织。

在职场中，权力会让人上瘾。伊恩·罗伯逊在《赢家效应：权力如何影响你的大脑》一书中写道："显然，每次我们炫耀自己的力量时，我们都会得到一种感觉良好的多巴胺。这也会给企业带来一系列不利因素。业务增长和成功的一个重大障碍是，当经理们对下属蛮横无理时，各种有价值的输入和信息都被压制了。"此外，达切尔·凯尔特纳在《权力悖论：我们如何赢得

Chapter 2　官僚体制：15 个不可避免的挑战

和失去影响力》中指出，随着职场中的权力贩子越来越以自我为中心，各种各样的坏事也开始发生。我们只需浏览一下新闻头条，就会发现每天都有被曝光和被废黜的商界、政界和好莱坞的权力滥用者在我们面前游行。在职场中，公司员工的心理负担无处不在，包括我在本章列出的大多数挑战领域。

权力的成本很高。事实上，决策的一系列代价——信息在命令链和管理链上上下下移动的成本——是很高的（根据盖洛普的数据，每年大约 5000 亿美元）。这一比例如此之高，以至美国管理专家加里·哈默尔［Gary Hamel，著有具有里程碑意义的商业战略书籍，包括《现在什么才重要》(*What Matters Now*) 和《为未来而竞争》(*Competing for the Future*)］向美国企业发起了挑战。在最近的一篇文章中，哈默尔和合著者米歇尔·扎尼尼要求它们消除浪费的官僚主义和失能的老板扼杀员工的行为，这样做，可以挽回 3 万亿美元的产出。与此同时，在控制链上不断追求控制让人们产生幻想从而变本加厉，进而束缚着企业的业绩产出。

过去，投资银行业等高度官僚主义的职场可能会嘲笑对权力文化的指责，但现在它们不能再这样了。正如《华尔街日报》及网站上的大量文章所报道的那样，千禧一代（以及现在的 Z 世代）不愿签约它们，或者在培训（以及公司对他们的投资）结束后不久就离开，这使它们根本无法忽视控制所带来的巨额成本。哈默尔表示："问题不在于某位领导，而在于大多数企业中占主导地位的头重脚轻、官腔林立的管理结构。"哈默尔说，事实上，大多数首席执行官并没有意识到，他们这一层又一层不必要的管理人员，实际上相当于年复一年地缴纳了一笔沉重的"管理税"。这是一种他们甚至不需要承担的经营成本。

挑战 6——管理税：官僚制的硬美元成本

对于那些认为关于官僚制成本的讨论过于深奥的人来说，哈默尔的管理税是用一种直观的方式来理解，培养一个官僚制的职场完全是为了将巨额资金投入到非核心使命、竞争优势、及时与高附加值的产品和服务上。事实上，这是为了一些不相干的事情而牺牲利润。我在世界各地的研讨会和团体会议上介绍了这一税种，当我将其分解为以下内容时，人们会睁大眼睛：

> 让我们假设一家创业公司有10名员工（工人），每人赚3万美元。假设管理的幅度为1∶10（真实世界对平均管理幅度的估计是不同的，但是让我们保持简单）。由于经理们总是比下属赚更多的钱，老板或经理们可能一年挣9万美元。但是如果你提升了这10名员工的管理技能，给他们每人加薪5000美元，那么你就根本不需要经理了，你每年就可以节省4万美元。按10倍计算（控制范围从1到10），你有100名员工和10名经理，但你还需要一名经理来管理这10名经理。这个人的年薪可能是20万美元。如果你提高了这100名员工的管理技能，给他们每人加薪5000美元，那么你就不需要这10名经理也不需要这10名经理的经理，

这样你就每年为自己节省了 60 万美元。在 10 年的时间里，这是 350 万美元的净现值——很有吸引力的经济学。然而，官僚机构不仅紧紧抓住层层管理人员不放，而且在经济衰退期，他们会解雇员工，并经常紧紧抓住经理不放！当然，这种计算经常会在管理者（特别是中层管理者）中产生巨大的恐惧和焦虑，我们将在本书后面讨论。

做一下管理税的计算题	
100 名 3 万美元年薪的人	300 万美元
管理 100 人的 10 名年薪 9 万美元的经理	90 万美元
一个管理 10 名经理的年薪 20 万美元的经理人	20 万美元
全年合计	410 万美元
100 名自主管理的 3.5 万美元年薪的人	350 万美元
全年节约的管理税	60 万美元
10 年累计节约的管理税（净现值，10%折现率）	368.7 万美元

挑战 7——创新和改进

尽管像戈尔这样的公司创新和改进速度很快，但对于那些有着根深蒂固的官僚管理结构的组织来说，改进是缓慢的，创新往往在不知不觉中（或者在最糟糕的情况下，是故意的）被经理们压抑。再一次，柯达就是这方面的典范。

但随着千禧一代以及接下来的 Z 世代进入就业市场，人们对组织的怠惰和冷漠的容忍度就消失了。对于这些年轻人来说，仅仅为了获得参与大项目或大生意的机会而在琐碎的工作上花费数月或数年的时间来证明自己的奋斗精神是不够的。他们不害怕在家里的车库中创办自己的企业，也不惜代价背包穿越蒙古，思考自己的下一步，并在这个过程中获得一个全新的视角。不同代际的人对于职场产生了翻天覆地的影响，最明显的是对投资银行等传统行业的影响。如今，这些行业已被千禧一代彻底颠覆，他们要么不愿加入，要么一旦进入就待不久。你听到的来自华尔街的声音是一种抢夺人才的声音：老牌公司正在急切地重新思考如何让它们的员工参与到制度改进和创新的过程中，在过去的很长一段时间，只有那些"有资格"的人才有机会参与进来。

挑战 8——吸引和保留人才

简而言之，千禧一代（以及跟在他们身后的 Z 世代）如果在入职的头几个星期或几个月里没有从事有意义、有使命的工作，就不会签约或留下来。各种各样的公司都已经意识到，如果它们想生存下去，就意味着要对招聘、录用、入职和培训过程进行彻底的重新评估和改革。吸引人才本就不易，更加痛苦的问题是保留人才。不仅仅因为人才从培养到失去的这 18 个月是破坏性的，更重要的是因为当千禧一代去竞争对手那里，或通过他们获得的技能自己创业时，就会造成一种巨大的培训经费的浪费。

挑战 9——企业脆弱性

当我与官僚组织谈论它们暴露给竞争对手的软肋时，我总是发现拐弯抹角不如开门见山。我直接告诉它们，它们的公司很脆弱，因为它们行动迟缓、笨重（头重脚轻，因此不平衡）、固执、以自我为中心。它们缺乏轻盈、精简、灵活、适应性和开放。就像我们看到的，西尔斯百货（Sears）正从我们眼前消失。作为零售业的先驱，这家拥有 125 年历史的企业已经被其线上竞争对手生吞活剥。

挑战 10——职场毒性

一直以来，传统的科层制模式对组织的威胁是巨大的职场毒性。在互联网和社交媒体出现之前，懈怠、不满和"躺平"员工的问题一直存在，但并不一定构成紧迫或无法控制的威胁。当然，"所有人都知道"的负面消息总是不受欢迎的。但对高层来说，即使无法完全忽略，这种职场毒性却是可以被控制住的。

如今，玻璃门（Glassdoor）、理想工作机构（The Great Place to Work Institute）、工作人群（The Job Crowd）和库（Vault）（以及其他一些网站）为任何一家公司提供了透明的内部评论和关于员工现实生活的讨论。公司每年都在管理顾问和声誉修复方面投入惊人的巨额资金,试图抵消对员工招聘和生产力的毁灭性影响,更不用说消费者感知——这些严重的问题直接影响企业的利润。

根据声誉行业网站"声誉管理网"(ReputationManagement.com)的观点,雇主们并不总能意识到"失去顶尖人才不仅仅是今天的损失:失去这些优秀的员工可能会造成几十年的损失,因为你不能充分利用他们所能提供的伟大工作成果"。该网站报告称,76%的求职者不太可能接受一家名声不好的公司提供的工作,即使求职者处于失业状态。(接受工作邀约的候选人通常会要求更高的薪酬。)应聘者越有经验,就越不愿意接受一家声誉不佳的公司的职位。更重要的是,该网站指出,93%的员工愿意跳槽到一家有良好声誉的公司。领英(LinkedIn)的调查显示,拥有强大雇主品牌的公司每次招聘成本要低很多,而拥有强大雇主品牌的公司的人员流动率比拥有较弱雇主品牌的公司低28%。这些数据很大程度上代表了对拥有传统组织层级的公司的调查;我们只能想象,如果一个组织根本不管理员工,而是管理它们自己,那么支出会是多少。例如,如果员工认为自己的工作是目标明确、鼓舞人心的,他们的职业道路如同公司的成长和成功潜力一样无限,那么这些公司的支出会是怎样的呢?

此外,员工满意度和客户忠诚度之间也存在着不可分割的联系。不是每个客户都知道"玻璃门"上为他提供服务的公司内部评论，但每个客户都知道那个代表所属公司的个人对自己的服务有多好。毕竟，对于消费者来说，那个人就是公司。"有毒"员工会以无穷无尽的方式传递他们对公司的个人不满，而客户就像天线一样，即使在最精心安排的互动中也能察觉到这种不满。职场毒性的缺失或存在与消费者感知之间的联系可以用等式来表示：员工满意度＝消费者忠诚度＝收入。没有第二条路可走。

挑战 11——组织结构图

传统的组织花费大量的时间、金钱和精力来创建极其精细、复杂、自上而下的组织结构图，试图通过实施命令和控制，来压制所有可能的风险和不确定性。作为一个传统组织架构的好案例，你可以访问 www.theofficialboard.com/org-chart/gm-general-motors，查看通用汽车（GM）详细的组织结构图的官方实时版本。然而，除了它漂亮的在线格式和一些相当标准的2017年版图形，它与通用汽车1921年版的组织结构图并无太大差别。

早在1921年，通用汽车高管还难以管理和控制其羽毛未丰的13岁的组织，而100年后也没有发生太多改变，除了一个例外：下属组织的结构图毫无疑问在通用汽车全世界的分公司比比皆是，因为当地通用汽车的老板继续使用复杂的措施来维持控制。不幸的是，就像大多数官僚组织强加僵化的组织架构（并创建组织结构图来定义它们）一样，这种做法只能成功地扼

突破边界：自主管理的原则与方法

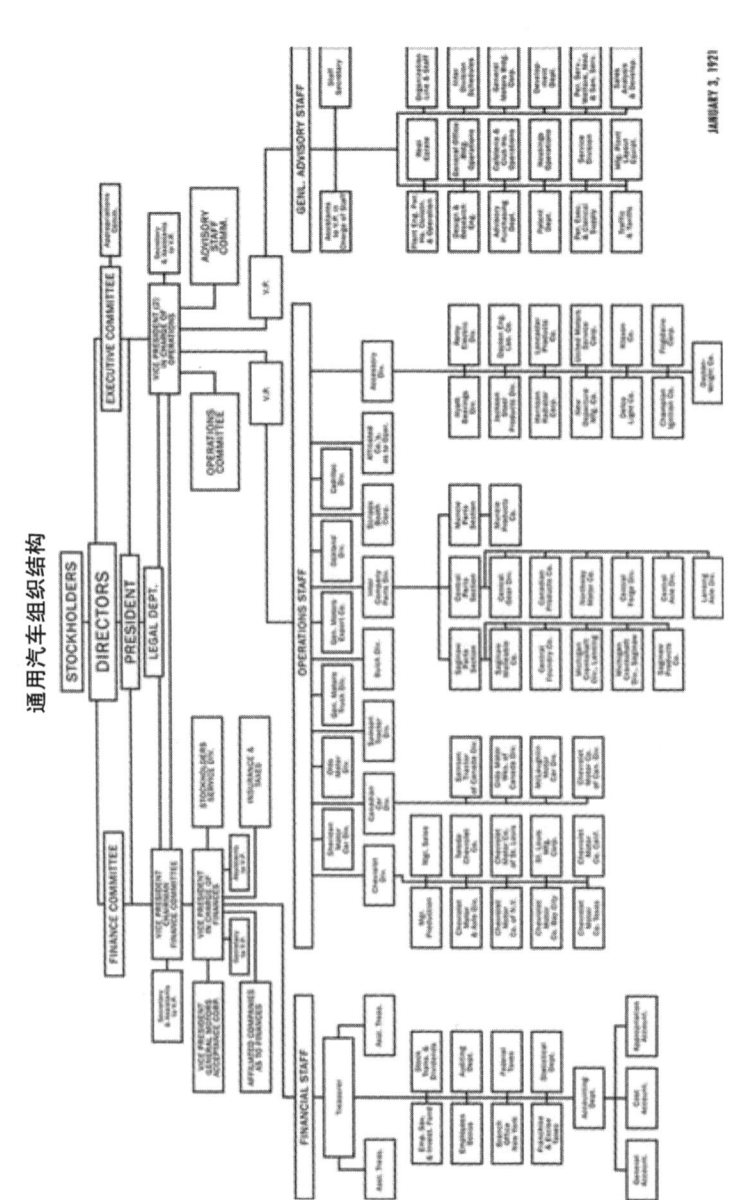

通用汽车组织结构

通用汽车1921年的组织结构图与现在相比并无太大不同

杀创新、创造力和灵活性，同时创造大量的政治和行政操控。

组织结构图消耗了大量的时间，也涉及大量的人员管理，因为所有级别的经理都被调到他们的政治圈层里或他们的上级认为他们应该在的地方。正是这种活动，连同制订五年战略规划，可以消耗大量资源和一年的大部分工作时间。

与此同时，正如管理专家加里·哈默尔所问的那样：当你所付出的努力不能为你的客户创造价值或夯实你的护城河时，你为什么要花费大量的时间和精力（更不用说金钱了）来做"管理的事情"？答案可能与恐惧息息相关，因为一家死板僵化（需要一切东西都刻在石头上）的公司，会对更灵活、更强健的组织所象征的流动性、不断变动和重塑感到不适。想想坐在海上快速航行的船上和坐在自家后门廊上的区别：坐在门廊上你会感觉更舒服，也不恶心，但你不会去到任何地方。事实是，如果你想要取得任何成就，你将不得不经历一些动荡、变动，以及一段时间的迷失。

然而，学会放弃控制以便你的企业能够根据需要作出动作进行改变，这需要许多人进行一定程度的大脑重组。新兴企业导师、商业哲学家彼得·科斯滕鲍姆（Peter Koestenbaum）［与彼得·布洛克（Peter Block）合著了里程碑式的著作《工作中的自由和问责：将哲学洞见应用于现实世界》(*Freedom and Accountability at Work: Applying Philosophic Insight to the Real World*)］表示，这种大脑重组是必要的，因为在商业中就像在生活中一样，我们不仅必须移动、改变和成长，而且我们"必须学会珍惜成长的痛苦"。公司花费在创建组织架构上的所有时间、精力和金钱从来没有帮助它们实现目标。彼得·布洛克表示这话有道理:"如果我们不在头脑内部发生变革,那么世界上所有的结构性变化都不会对我们的机构产生影响。"

挑战 12——与 21 世纪的期待不一致

我们已经讨论了官僚制公司是如何发现自己与千禧一代完全脱节的,我们还触及了官僚制对竞争优势、企业脆弱性或收购的影响。所有这些都源于官僚制的僵化和迟缓,但也源于与 21 世纪的完全不兼容。深陷 19 世纪组织思维和流程泥潭的公司,在大约 200 年的时间里仍然没有跟上时代的步伐。

当公司坚持过去两个世纪的官僚等级模式时,它们也面临着试图用 19 世纪的服务和缓慢的流程来响应 21 世纪的客户期望,这给它们带来十分严峻的考验。有不计其数的公司总是让 21 世纪的客户失望和疏远。作为消费者,我们已经花了太多的时间与它们的客户服务部门打电话,或者试图浏览它们简陋的网站。然而,有一个完美的企业案例,它是世界上最大的家电制造商,从传统老式的组织形式自我改造以完全满足 21 世纪客户的期望。这就是被称为世界十大最具创新力的公司之一,中国式自组织的标志性企业——海尔公司。

海尔理念系统的核心信条之一:"用户永远是对的;我们需要持续进行自我改善。"海尔开始实施自组织以来,员工直接与终端用户连接,通过互联网的力量(以及海尔的互联网设备),

Chapter 2　官僚体制：15个不可避免的挑战

可以立即获取客户和市场信息。有了这种优势，企业可以快速、良好地为客户服务。公司员工可以自己做决策、推动创新并向同事和高级管理人员推销自己的理念，还可以自己组建团队执行他们的想法并分享成功带来的利润，以证明自己的价值。在海尔，大多数中层管理人员都被淘汰了。海尔领导层给出的理由是，因为员工不再有老板，他们必须听取用户的意见，对结果负全责。海尔的目标是在企业和客户之间创造零距离——真正实现21世纪时代对客户期望的响应，背后全都是自主管理的功劳。

总部位于纽约的"见面"（Meetup）成立于2002年，是另一家紧跟用户期望的公司，虽然它最早不是这样设计的。"见面"最初被设想为一个为粉丝俱乐部设计的小众生活方式的冒险，"见面"的创始人斯考特·赫夫曼（Scott Heiferman）承认："我们早期错误地判断了人们想要使用它的方式。"

如今，在用户通过"见面"找到了他们独有的、开创性的生活方式之后，该公司有一个简单而强大的核心理念：利用互联网让人们离开互联网，回到人与人的互动中。具有讽刺意味的是，随着企业的扩张，它陷入了科层制管理模式。因此，领导层意识到"见面"的自组织用户是对的：要想成功，组织本身就需要像用户一样自主管理。然后，随着内部自组织与公司的商业模式相一致，"见面"像火箭一样起飞了。"见面"（2017年底被WeWork收购）2020年注册人数达到了10亿，因为它实现了自组织用户和他们对21世纪的期望的完美结合。

挑战 13——蓝领 vs 白领智商

几代以来，蓝领工人一直被他们的白领经理监督管理着。弗雷德里克·W. 泰勒可以毫不费力地解释，智力水平的差异使这种等级制度不仅是必要的，而且这就是事物的本质。泰勒曾有一个著名的论断，如果一个人笨到会处理生铁，那他肯定不可能掌握处理生铁的科学知识。然而，在这样一个论断中有明显的谬误：事实上，谁会更有可能理解生铁的特性和错综复杂的处理方式？是一个在他一生中每天都在处理生铁的人，还是一个掌握书本知识的人？另一个谬论是这样一种假设：因为一个工人没有受过大学教育，所以他就是未受教育的。这种错误观念是手艺类教育贬值的核心。这也是马修·B. 克劳福德（Matthew B. Crawford）所著的《灵魂工艺的手艺课：对工作价值的探究》(*Shop Class as Soulcraft: An Inquiry into the Value of Work*) 一书的主题。在书中，克劳福德指出，由于贸易贬值和鼓励每个人都去接受"真正的"高等教育，即大学教育，美国已经失去了一些宝贵而重要的东西。

除了这种观点内生的哲学问题之外，事实证明，我们已经培养了整整一代没有受过任何特定技能训练的中层管理人员，而受过训练的高技能员工的短缺问题仍然存在。这是因为，那些有着严格的组织等级制度和自上而下的信息流（从白领到蓝领）的官僚企业的领导人认为，那些最接近他们的产品和客户的人离推动变革和改进最远。他们的解决方案是在管理层和最接近产品和客户的员工之间建立更多的沟通渠道：创造更多的管理层。

然而，在自组织中，创新来自任何人、每一个人，那些最接近产品和客户的人往往拥有最有价值的输入。例如，在晨星的番茄加工厂，机械师和电工的认知力通常很高，堪比硅谷的程序员，而工资标准也反映了这一点。毫不奇怪，来自公司任何同事的创新往往是由蓝领同事驱动的，无论他们的薪酬水平如何。他们可以自由地向所有同事陈述自己的观点，包括可能参与到变革中或被变革影响的白领同事。

白领经理带领蓝领工人完成他们的任务在19世纪可能行得通，但是在今天，自主管理的企业依靠所有的工人来保持他们领先于客户的期望，更重要的是，在竞争中领先。无限制企业需要"无领"的思考者和实干家。

挑战14——恐惧、焦虑和可预测性

如果不考虑恐惧、焦虑和可预测性等因素，就不可能对职场中官僚组织层级的持久性感到惊讶。尤其是美国人，对可预测性有一种固有的偏见。我们都希望得到可预见的结果。我们希望实现我们的目的、目标和KPI。这些都是线性的。我们想要掌控一切的感觉，我们不想要惊喜——尤其是糟糕的惊喜。（我的一个朋友的焦虑正是由KPI这个术语引发的。）

当然，这在传统的职场中产生了大量的焦虑，可能导致恐惧无处不在，渗透到每个层级，直到落到每个员工的身上。员工心想，如果这个项目不成功，我会失去我在公司的地位吗？我的工作？我的房子？尤其在那些文化不开放、不透明，沟通不自由、监管严格的公司里，恐惧情绪可能到处蔓延。然后，管理层的下意识反应通常是建立更多的控制，而不是计划减少控制。焦虑和对可预测性的需求带来了更多挑战：企业充满恐惧、引发焦虑、过度控制，充斥着权力买卖、职场毒性、严重的员工保留问题，无法吸引优秀的人才。

挑战15——未来以及身处其中的人

在我们的一生中，经历了惊人的技术变革和颠覆。放眼未来，我们可以看到在短时间内将会出现更多的颠覆。机器人技术和人工智能（AI）的融合，再加上区块链、基因工程、纳米技术、虚拟现实以及所有其他技术，有望比互联网更具颠覆性。在《无限的可能性：在数字前沿创造客户价值》（*Infinite Possibility: Creating Customer Value on the Digital Frontier*）一书中，作者金·科恩（Kim Korn）和约瑟夫·派二世（B. Joseph Pine II）描述了技术的新世界，以及它如何为创新和客户价值创造无限机会。我们必须开始接受这个更新的技术世界的现实，这是关于通信和信息以光的速度移动的世界，使我们能够快速作出决策。如果作为商业领袖，我们创建和培育的组织不允许这种情况发生，当未来展现在我们面前时，我们怎么能有任何希望跟上它呢？

不，我们不知道未来会带来什么，但有一件事我们可以肯定，那就是人类的八个主要商业需求不会改变，世界上的每一家企业都是为满足其中的一个或多个需求而组织起来的：吃、穿、住、行、通信、人身安全、娱乐和医疗。作为社会中的人类，无论我们创造什么样的结构来满足人类的需求，它们总是需要思考力、创造力、领导力，以及创新和团队合作。官僚制无法让我们做到这一点。它所带来的资源浪费奇高，而且阻碍了这些最基本的人类需求的满足。事实是，人类已经厌倦了官僚制，因为它无法给我们带来任何好处。

最重要的是，职场中的官僚制是对人类生活的浪费。如果你要求一个在你的企业工作的人把他生命的 1/3 花在不产生任何附加值（换句话说，毫无价值）的官僚工作上，那么你就是在浪费这个人 1/3 的生命。把这样的生命乘以几十、几百甚至上千个承诺为你的企业服务的人，他们每天都出现在你面前这样做，你就浪费了惊人的数年时间。那些年是生活、是爱、是分享以及其他一切让我们成为人的时光。在某种程度上，我们必须简单地检查浪费人类生命的道德，而这些时间、日子、周数和年数的消耗甚至没有任何商业利益。总而言之，官僚主义显然不会促进 21 世纪的事业，只会带来巨大的伤害。

所以，在迈向未来的过程中，我们如何使我们的企业更强大、更有竞争力、更具创新性、更具韧性和无畏精神？我们怎样才能让员工在与我们共度的 1/3 生命中更快乐、更满足呢？答案很大程度上在于组织自主管理的力量。

Chapter 3

自主管理的力量

突破边界：自主管理的原则与方法

> 大气条件、温度和湿度带来的水分子凝结或蒸发，导致云的形成和消散。组织也应该是一样的：对组织起作用的各种力量导致组织架构形成或消失。当人们可以自由行动时，他们能够感知这些力量，并能以最符合现实的方式采取行动。
>
> ——克里斯·鲁弗
> 晨星公司创始人①

为了更好地理解自主管理的力量，我们首先要理解驱动自主管理的原则和哲学，并理解原则和哲学之间的区别。

---

① 弗雷德里克·莱卢，《对于自主管理的误读》，晨星公司，2014 年 6 月 12 日，http://www.self-managementinstitute.org/misperceptions-of-self-management。

Chapter 3　自主管理的力量

原则和哲学的力量

正如大多数字典中所定义的那样，原则是基本的真理或命题，是所有信仰或行为系统或推理链条的基础。而哲学则是个人或组织持有的理论或态度，并把它作为行为的指导准则。人们可以很容易地看到原则和哲学可以并且应该是紧密相连的，尤其是当一位商业领袖正在为组织思考其最佳结构时。

领导者的个人哲学——比如，他相信他的员工在工作时应当是快乐的——可以支持"人是不能被胁迫的"这项基本的生活原则（"人是不能被胁迫的"在大多数文化中，是一项基本的法律原则）。这些基本原则和个人哲学结合起来，可以决定一家公司的领导者更希望创建何种类型的组织。

事实证明，无论以何种方式陈述，不胁迫和相互信守承诺的双重原则往往构成自主管理型组织的基础。这些原则通常得到公司领导者个人哲学的支撑；例如，人们应该在他们的工作中感到快乐。

第一项原则是人们不应胁迫他人，这意味着所有的互动都应该出于自愿。这一原则实际构成了法律的基础。世界上任何地方针对谋杀、绑架、袭击、勒索等行为的法律都是基于不胁迫的原则。这是一项消极原则，代表我们在正常情况下不应该做的事。我们认识到这一原则的力量，因为即使我们接受人们的不完美，仍然可以设想一个没有胁迫的、不需要军队和门锁的世界。我们知道，这一愿景的完美形式是乌托邦式的，但我们也知道，我们越是紧密地依据不胁迫原则行事，我们作为人类的境况就会越好。

第二项原则是人们应该尊重自己对他人的承诺。这是一项积极原则，代表了我们应该做的事情。这一原则是民法尤其是合同法的基础。即使我们向那些未能信守承诺的人寻求补救或赔偿，我们仍然可以想象一个每个人都言出必行的世界，这将是一个美好的世界。让所有人都接受这项原则可能永远无法实现，但我们知道，作为人类，当企业和组织遵守它们对我们的承诺时，我们就会过得更好。

自主管理无处不在

当我们说自主管理无处不在时，并不仅限于商业场景，而是它事实上无处不在。因为自主管理自然地发生在我们生存的星球上的植物和动物王国，而人类也在其中。例如在植物界，许多蕨类、灌木和草类因为生长在靠近森林地面的地方，从而能够在与树木或其他高大植物群对养分和阳光的竞争中"胜出"。这样的植被可以被认为是"自主管理"的，因为它们在没有人类或其他外界干预下，限制了可能占主导地位的树木的存在。许多蕨类植物和灌木甚至会产生特定的化学物质，阻止其他植物在其附近生根。

阿根廷蚂蚁（Linepithema humile）就是一个自然界中自主管理的有趣的例子。科学家认为这种蚂蚁已经覆盖了全球绝大部分地区，成为巨型蚁群殖民体，其在全球覆盖的绝对规模上

Chapter 3　自主管理的力量

甚至与人类相匹敌。起源于南美洲的阿根廷蚁群现在跨越了地中海、加利福尼亚和日本西部的大部分地区；据报道，仅其中一个超级蚁群殖民体就覆盖了6000千米的地中海海岸线！

这种征服了整个世界的阿根廷蚂蚁似乎有一个简单的双重使命。首先，生存；其次，繁衍。它们竭尽全力完成的使命，本质上讲就是简化。只要这些蚂蚁专注于它们的任务，就不存在明显的规模化障碍。为了完成这一双重使命，蚁群用自主管理进行工作任务分解，并使用化学信号向其他蚂蚁传达有利线索或潜在威胁。这些自主管理的行为简单、有用，而且高效。[1]

蜜蜂也以无数种方式进行自主管理。为了提炼出对人类组织有益的经验教训，员工敬业度网（Employee Engagement Network）的创始人大卫·辛格（David Zinger）对蜜蜂启动了一项为期三年的研究。他在研究报告《摇摆：39种改善人类组织、工作和参与的方法》[2] 中指出，个体蜜蜂之间需要不间断的交流（通过"摇摆"舞）和协作，使它们能够找到食物并与组织保持联系。肯·汤姆森（Ken Thomson）在他的《生物团队：基于大自然最佳设计的高性能团队》(*Bioteams*: *High Performance Teams Based on Nature's Best Designs*)一书中，描述了一种高效组织模式可替代传统的命令—控制模式，该模式源于自主管理

---

[1]　马特·沃克（Matt Walker），《蚁群统治世界》，BBC，2009年7月1日，http://news.bbc.co.uk/earth/hi/earth_news/newsid_8127000/8127519.stm。

[2]　大卫·辛格（David Zinger），《摇摆：39种改善人类组织、工作和参与的方法》，2019年1月17日，http://www.davidzinger.com/wp-content/uploads/Waggle-byDavid-Zinger.pdf。

的生物体，它们运行良好并茁壮成长。

然而，尽管自主管理模式存在于这个星球上的大多数生物物种中，普通人生活中的自主管理却应该成为我们最强大的模式。我们每天自发有机地组织自己的生活，并作出数以百计的决定。人们参加公民团体、社区组织、非营利组织、志愿者团体、教堂和集会场所，完成任务——所有这些都没有任何真正的命令权威。人们自愿合作，发起相互承诺的流程，并依靠彼此来协调和管理承诺。那些自己选择退出或未能履行其承诺的少数人并不能阻止专注于使命的团体。

纵观命令与控制的历史，高效自主管理的例子比比皆是。几个世纪以来，自主管理一直在部落中存在，在这种部落中，每个成员都被期望与他人合作，并保持对同伴和整个群体的承诺。例如，在19世纪下半叶，亚利桑那州的印第安阿帕奇部落多次战胜了美国骑兵，他们把自己分成了很多分散的小队伍，并融入到不易被骑兵部队发现、追踪或消灭的沙漠中。（相反，命令—控制型的骑兵部队很容易成为自主管理型的阿帕奇战士——如声名远扬的杰罗尼莫——的目标。）

布莱福曼和贝克斯特朗①的著作《海星模式：彻底颠覆集权式管理》详细记载了阿帕奇部落和其他分散型组织。布莱福曼和贝克斯特朗借用他们强大的海星/蜘蛛隐喻来表达自己关于组织自治和适应能力建模的观点。他们解释道，你如果砍掉蜘蛛

---

① 奥瑞·布莱福曼，罗德·贝克斯特朗，《海星模式：彻底颠覆集权式管理》（英国：Portfolio 出版社，2006年）。

的一条腿，会得到一条死腿和一只七脚蜘蛛。你如果砍掉蜘蛛的头，会得到一只死蜘蛛。然而，你如果从海星上切下一条腿，会得到两只海星。你如果把海星的头切下来，会得到五只海星。他们指出，海星的每个部分都有能力再生出其他部分。因此，适应能力强的自组织也会这样：充满使命感、承诺和责任，每条腿都有能力再生出组织需要的其他任何部分。

量子物理的世界中也包含了起源的原理（物质和能量不仅充斥着我们的星球，也充斥着整个宇宙），分子和原子按需进行吸引和分离"协作"，创造了构成生命基础的振荡和振动。自主管理，同样是按需参与/脱离的设计，是商业组织的一种自然的、有机的功能形式，因为自主管理充斥于地球上的所有生命体，无处不在。

自主管理：职场的双赢

很显然，无论我们如何表述成功自主管理的两项核心原则：不胁迫和对彼此信守承诺，它们同时也是我们一直以来所了解的人类生活和法律的核心原则。当晨星公司创始人克里斯·鲁弗在设计完全自主管理的公司时，要求那些希望加入公司的人遵循以下两条指导原则：

> 首先，晨星的同事们不应该胁迫彼此做任何事情：他们所有的互动都应该是自愿的。其次，晨星的所有同事都应该遵守他们相互之间作出的承诺。

突破边界：自主管理的原则与方法

在鲁弗设想全新的晨星番茄加工业务将会是什么样子时，他当时的个人哲学（现在仍然）是：只要个体遵循这两项基本原则生活，他通常会体验到更大的幸福感和参与度。鲁弗相信：当人们自我感觉良好时，他们的表现会更好，而企业将因员工在职场中感受到的快乐和参与感而受益。换句话说，这是完美的双赢。当时，大多数企业并不接受这些原则，但鲁弗并未因此灰心丧气。鲁弗认为，不胁迫和信守承诺的原则是人们共事的基础，这些原则是声誉、正直和信任的核心——它们不仅对人类至关重要，对于任何想要留住客户的公司来说都是成功的关键。

然而，如果商业领袖在设计公司组织架构时，选择忽视这些人类生活的基本原则，那会怎么样呢？对于生活的基本原则，有趣的一点是，无论你是否关注它，它都是存在的，并且总是在起作用。就像万有引力这一无可辩驳的原理一样，基本的生命原理总是行之有效的，无论你是否测试它、描述它，还是忽略它。更重要的是，如果不按照生活原则（比如重力）行事（而是选择忽视它），将会产生深远的后果。毕竟，你可以选择相信自己不受地心引力影响，能够飞翔，但很快你就可以通过从悬崖上跳下去来证明自己是错的。同样，选择忽视基本的生活原则，比如不信守承诺，也会造成巨大的损害。臭名昭著的例子比比皆是：查尔斯·庞兹（Charles Ponzi）向投资者承诺不切实际的套利回报只是其中之一。

忽视这些人类的基本原则会造成严重的后果和代价，相反，按照这些原则行动则会带来巨大的好处——这就是自主管理的双赢。由克里斯·鲁弗提出并于 1990 年被采纳的不胁迫和信守承诺的核心原则，如今依然管理着晨星。晨星的年销售额已接近 10 亿美元，成为世界上最大的番茄加工商；其产品销往全球，几乎所有北美人都是它的用户。晨星公司的同事们从零开始，借助没有老板、头衔或命令权威的自主管理，取得了这些成果。

他们是如何做到的？就是靠着坚持非胁迫、信守承诺的原则。在组织规划中，他们关注的是简单规则。

简单、优雅的职场解决方案

VISA 的创始人迪伊·霍克说得好：简单、清晰的目标和原则能够让复杂而聪明的行为涌现；复杂的规则和限制则会让简单而愚蠢的行为发生。当然，即使在不额外增加复杂的管理系统的情况下，试图驾驭市场、制定战略、满足客户和所有利益相关者的诉求已经足够复杂了。即便在更传统的组织层级中，伟大的领导者总是知道，找到合适的人，并让他们做自己最擅长的事情是商业成功的关键。

所以，如果所有这些都是真的，为什么你不想要一个简单、清晰、基本的规则和原则，让人们可以做他们每天都在做的事情：管理自己呢？可以看看这个类比：几十年来，美国的市政工程师一直在努力解决交通流量问题——交通信号灯的增长、错开和定时；逐步升级的停车和让路标志；不断变化的道路方向还有其他更多的问题。然而在英国，市政工程师却发现过多地使用这些方法，不仅不会改善交通控制，相反会带来交通中断，或只能作为备份。随后他们发现，在简单的交通环岛制度下，人们完全能够在不增加控制设备的情况下，以均匀的间隔穿过交通路口。令人震惊的是，在英国交通环岛遍地开花，现在在美国也变得越来越普遍。仔细想想，在任何一段通勤时间里，花费在红绿灯前的时间真的可以积少成多。当人们可以很容易地习惯拒绝被告知该做什么，并依靠自己的判断时，他们为什么要每周浪费几小时的生命？

在这本书的序中，我提到了斯蒂芬妮·戈尔登——凤凰城大学的 IT 部门负责人，她认为简单的自主管理原则对她的团队很有效。当团队的障碍被消除后，员工们开始有了新发现。因为自主管理原则是如此地基本、自然和直接，她的同事们无意中也将其带入工作场所之外的生活中的方方面面。他们之前业务工作的复杂性是否也影响了团队成员在个人生活中与他人相处的方式？我们并不知情，但据戈尔登说，团队在工作中采用更简单、更自然的原则，会使他们无论到哪里都能成为更快乐的人。自主管理的好处是全面而普遍的。

超越授权

当我们思考自主管理——人们在没有压制、约束或胁迫他人的情况下互动、合作，并凭借自己的力量取得成就——的概念时，经常会出现这样的问题：为什么不只是简单地授权人们

Chapter 3　自主管理的力量

做他们最擅长的事情？为什么不将某些权力延伸给他们，同时保留组织及其管理者其他类型的控制？

答案在于对人性的真正理解，在于承认作为人，一切都与选择和自由意志有关。选择和自由意志可以被压制，但总要为此付出代价。作为商业领袖，为什么要付出这样的代价——为什么要胁迫同胞付出更大的代价——而在员工行使自由意志和选择的能力时，只会对公司的使命和目标有利。

维克多·弗兰克尔（Viktor Frankl）是奥地利神经学家、精神病学家、哲学家，畅销书《活出生命的意义》(*Man's Search for Meaning*）的作者，也是大屠杀的幸存者。在德国集中营度过的日子教会了他很多关于人类生存的知识，尤其是关于人类自由的本质。弗兰克尔主张每个人都拥有自由意志，因此，一切皆选择。他认为，即使是一个被带到集中营毒气室的囚犯，也拥有自由意志：囚犯可以自愿赴死，也可以战斗到最后的终点。弗兰克尔说，一切都是选择，即使人们认识不到他们作出这些选择的自由度。

不承认人们拥有自由意志或选择的自由，并不表明这一能力就不存在。有多少暴君犯了错误：以为自己剥夺了人们自主选择的能力之后，自由意志就不再出现。但当人民起义并推翻他们的暴政时，他们可能会后悔自己犯下如此重大的错误。

德兰西街基金会（Delancey Street Foundation）在全美拥有六个办公地点，自由意志是其一切的运营中心。该基金会于1971年在旧金山成立，旨在帮助前吸毒者、刑满释放人员和

突破边界：自主管理的原则与方法

贫困者通过有效担责和自主管理重新回到生活的正轨。(此后不久，自主管理也成了该基金会管理者对组织架构的选择。)作为自我康复项目的一部分，基金会的客户被教导要表现得"好像"自己是正直、值得信任且思想自由的人，即使他们以前因为卖淫、谋杀、持有毒品或类似的事情而在监狱里待了一段时日。令人觉得讽刺的是，这些人本来就是思想自由的人，他们有意愿去做自己想做的事，并作出相应的选择。而由于生活环境、压抑或自我否定，他们已经失去了认识到他们有自由作出无尽生活选择的能力——但这种自由仍然存在。德兰西街基金会并没有将这种能力赋予它的客户；它只是帮助他们的大脑重新连线，他们需要看到自己随时都可以启动作为人类的力量。

商业哲学家彼得·科斯滕鲍姆将自由意志和选择的讨论应用于企业，并提出了一个问题：自由意志对组织意味着什么？他的结论是：这意味着每个人都有责任激励自己，激励员工不是公司首席执行官、领导者和经理人的工作。科斯滕鲍姆说，首席执行官、领导者和经理人可能会创造人们工作的环境和组织，但是人们会自我激励，没有人能成功剥夺这种责任。对于组织领导者来说，双赢的是，一旦他们认识到个人的激励责任，他们就不再一味地授权员工，把他们调来调去，来激发他们的潜能或者让他们走出舒适区。随着员工自己拥有自我成长和发展的权力，并就自己在组织中的位置进行谈判（及重新谈判），最终组织领导者被解放了，他们可以花更多的时间去履行市场、战略和企业的社会责任。这样，传统管理的思维模式被彻底颠覆了——或者，可能是头一次出现了翻转的情况。

对于企业而言，超越授权意味着打开一扇门，让新科学席卷整个组织，进而带来职场的语言和文化改变。这种科学的转变是对在官僚主义命令与控制下的线性思维、牛顿力学思想的彻底背离。这种线性思维是自上而下驱动的。而网络化、自组织的新科学则源于量子世界，在量子世界中，人们的动态网络在不断变化，随时根据需要不断调整以便灵活有效地预测和响应需求。那些在传统组织结构图中常见的，每年变来变去、用于调整控制系统的牛顿小箱子（汇报关系图）已经荡然无存了。

因此，过往去人格化的"直接下属"现在变成了工作伙伴，"人力资源"为真正的"人"让道——人与复印设备的区别不仅获得了承认，还得到了拥抱。正如企业管理权威亨利·明茨伯格（Henry Mintzberg）所说的那样："企业是人类的共同体，而非'人力资源'的集合。"[①]

最后，随着组织的扁平化，文化无疑也会发生变化。但是，随着千禧一代的出现，职场文化已经发生了巨大的变化，文化持续变化的问题几乎变成了一个先有鸡还是先有蛋的问题：是"网络化组织"推动了千禧一代的文化，还是千禧一代先推动了文化变革，从而进一步抹杀了组织结构？或者两者同

---

① 亨利·明茨伯格，维基百科，2019年1月17日检索，https://en.wikipedia.org/wiki/ Henry_ Mintzberg。

时存在？事实上，千禧一代一点儿也不像他们的父辈婴儿潮一代，按部就班打卡、付账单，希望在公司的晋升阶梯一直往上爬而不掉下来。在工作中，千禧一代不像婴儿潮一代那样寻求"争上游"；他们寻求使命感，以及在整个世界创造变革的前景。他们被创新、创造和协作的能力所驱动，而对"苦役"数年向经理证明自己的价值毫无兴趣。千禧一代就像量子物理学中的原子：以一种不那么有序的方式蹦来蹦去，被自己最擅长的事情吸引，与其他原子在特定项目上合作，继而创造全新的互动链条，产生有价值的结果。既然企业可以从如此强大的活动中获益，那么问题来了：为什么企业领导者或管理者要从中作梗呢？

权力和社会/经济的双赢

不久前，研究动机的一名学生小罗伯特·埃文斯·威尔逊（Robert Evans Wilson Jr.）在《今日心理学》（*Psychology Today*）上写道："对权力的追求背后是恐惧，而对权力的渴望是为了消除恐惧。"[①] 他接着毫不含糊地说，"政治和社会权力是控制的最终形式。"

我当然能看到权力和控制之间的联系，之前我对权力与恐惧的联系还不那么清晰。后来，我在一个咨询项目中亲身经历

---

① 小罗伯特·埃文斯·威尔逊，《恐惧与权力》，《今日心理学》，2013年3月11日，www.psychologytoday.com/us/blog/the-main-ingredient/201303/fear-vs-power。

Chapter 3 自主管理的力量

了这种情况。一个中层管理人员为了破坏她的领导对组织变革的探索背地里搞了很多小动作，导致这个项目最终被扼杀。当时，我对那些一直在暗中进行的诡计感到沮丧，它们粉碎了企业继续发展的所有希望。我对那位企业的领导者也感到失望，他的初衷是好的，但最终却迫于压力，屈服于一个威权的公司高层的强大（用这个词……）。

后来我意识到发生了什么：这个项目被一个担心失去权力，甚至可能失去其在组织内管理职位的人扼杀了。这种恐惧和保持政治控制的欲望使得一切黯然失色。回想起来，我发现她无法承受因变革而恐惧所带来的不适。她试图控制局面，缓解这种情绪，压制这种变化。从这一点上来讲，至少当时，她成功了。所以，是的，恐惧、滥用权力，以及试图控制他人是三兄弟。

然而，权力本身并非消极的。在真正的自组织中，利益相关者和员工全身心地投入他们参与的企业使命实现的过程中，就像他们在自己的生活中那样。他们可以选择不参与、不互动，也可以选择合作。因为每个人在自组织中都有发言权，权力可以受到制衡。滥用权力——公司政治、霸凌等——也会浮出水面，只要人们还是人。当所有利益相关者掌控自己的权力，并且每个人都能从更高更强的企业中获益时，对这种行为的容忍度就会大大降低。最终，企业获得了巨大的经济利益和社会价值，也同时实现了企业获得竞争优势和员工的双赢。

在《海尔使命：中国第一家全球超级公司的真实故事》

突破边界：自主管理的原则与方法

（*Haier Purpose：The real Story of China's First Global Super-Company*）一书①中，胡泳、郝亚洲、戴斯·狄洛夫（Des Dearlove）、斯图尔特·克雷纳（Stuart Crainer）等 26 位作者讲述了一家濒临破产的破旧国有企业如何通过收购通用电器等美国公司，成为世界上最大的家电制造商的故事。海尔的故事很像晨星（海尔首席执行官张瑞敏曾将晨星作为标杆学习过），只是晨星是一家创业公司，作为一个完全的自组织，要么沉要么浮。海尔则面临着巨大的挑战：如何将一家行将消亡"恐龙式"公司改造成一家进步的、开明的、走向自主管理的公司。

两家企业的当家人都明白，权力和控制无法在这种同时注重经济效益和社会效益的公司的组织设计中发挥作用。两家公司都是由使命、价值观、原则、创新和主动性驱动的。此外，无论是海尔的张瑞敏，还是晨星的鲁弗，都认为自上而下的信息沟通对创新和敏捷能力构成了伤害。为了实现敏捷性，他们知道必须从购买产品的客户那里收集信息。接着，信息必须来自组织中最接近客户的个人。鲁弗和张瑞敏都知道，这些人对客户来说是世界上最重要的人。客户服务中心的员工等待经理指示的旧模式已经不复存在了。

海尔的张瑞敏在描述为不断推动创新和改进而转变信息流源头时，说得很好："一直晃动金字塔非常重要，因为更重要的是员工应该倾听市场而不是听老板的。"

---

① 胡泳、郝亚洲、戴斯·狄洛夫、斯图尔特·克雷纳等，《海尔使命：中国第一家全球超级公司的真实故事》（英国：Infinite Ideas 出版社，2017 年）。

Chapter 3　自主管理的力量

组织的自主管理是全球性的行为

如果不看看戈尔公司（W. L. Gore）和塞氏公司（Semco）这两个最重要的例子，就无法理解自主管理在全球市场的影响。

1958年戈尔公司诞生于特拉华州纽瓦克的一间车库，它曾上榜《快公司》（Fast Company）① 美国"最具创新力的公司综合"榜单。戈尔公司源自具有企业家活力的比尔·戈尔（Bill Gore）和他的妻子吉纳维芙（Genevieve）的创意。这对夫妇不仅开发了高性能的戈尔特斯（Gore-Tex）概念，并后续衍生出了Glide牙线、Elixir吉他弦及先进的工业材料，他们还构思了"网格"组织架构，使戈尔公司成为世界上第一批扁平公司的代表，戈尔公司也被《财富》杂志评为"最适宜工作的100家公司"之一。

戈尔的全球客户包括哥伦比亚（Columbia）运动服装公司、乐斯菲斯（The North Face）公司、美国国防部、美国国家航空航天局（NASA）和世界各地的警察机构，他们一直对戈尔忠心耿耿，认为该公司年复一年地提供了惊人的成果。戈尔对全球市场的灵活性和适应性在很大程度上可以追溯到其组织结构。戈尔在研发部门的同事可以根据具体的研究项目自由组建灵活的团队；他们自发联合起来追求特定的创新，然后解散，并根据新的想法组成新的团队进行开发。创新可以来自并且的确来

---

① 艾伦·多伊奇曼（Alan Deutschman），"创造力的结构"，《快公司》（Fast Company），2004年12月1日，www.fastcompany.com/51733/fabric-creativity。

突破边界：自主管理的原则与方法

源于任何地方。例如 Elixir 吉他弦，就是在公司"涉水时间"由一位音乐家构思出的概念，他同时是戈尔医疗产品部门的同事。戈尔的四项关键原则经受了 60 多年的考验，它们是自由、公平、承诺，以及公司所谓的水线：戈尔的员工在采取任何"水线以下"的行动可能导致对企业的或然损害之前，都需要咨询其他知识渊博的同事。

与戈尔公司从零开始构建其理想的"网格"组织结构不同，巴西的塞氏公司（最初的塞氏集团）是从严格的以命令和控制为中心的组织结构转变为以人为中心的组织结构的。1980 年，首席执行官兼创始人安东尼奥·塞姆勒（Antonio Semler）在与儿子里卡多不断发生冲突后，将陷入困境的公司的控制权交给了当时 21 岁的里卡多，并要求他拯救公司。当时，这家巴西设备制造商的年销售额为 400 万美元。里卡多·塞姆勒（Ricardo Semler）立即解雇了公司 2/3 的经理，并开始实施业务多元化经营，更重要的是，他开始为公司员工寻找更好的工作与生活平衡，同时放开公司的创新和增长。20 年后，通过激进的组织结构试验和大胆的多元化经营，里卡多将公司年业务规模扩大到了 2.12 亿美元，年均增长率为 40%，员工流动率不到 2%。

直到今天，塞氏公司每年所报告的全球销售额均超过 10 亿美元，横跨多个行业。根据 Inc.① 的数据，在巴西最近十年的

---

① 恰克·布莱克曼（Chuck Blakeman），《没有经理人管理的公司在各项指标上都做得更好》，Inc.，2014 年 7 月 22 日，www.inc.com/chuck-blakeman/companies-without-managers-do-better-by-every-metrics.html。

经济衰退中，该公司业务仍然增长了600%，利润增长了500%，生产率飙升了700%。

塞姆勒还将他这种离经叛道的、以人为中心的自主管理理念应用到学校教育和巴西生活的其他方面。驱动他做这些事的背后的动机是希望可以帮助他人跳出思维定式，更好地欣赏自己的生活愿望，这在他创作的《塞氏企业》(*Maverick*)和《每周七天周末》(*The Seven-Day weekend*)[①]中都有提及。塞姆勒对于全球化、技术升级、变革以及经济错位（贫富悬殊）的关注，使他为员工在职场带来更多的公平，这些员工甚至可以决定自己的工资。重要的是，这也为企业本身带来了令人瞩目的成功。在最近的一次TED演讲[②]中，戏谑的塞姆勒打趣道："有钱人总是说要回报，但也许他们一开始就拿了太多钱！"当被问及他有什么神奇的能力来释放遍布工作场所的控制，并激发人们对企业在创新、增长和利润方面的信任时，他简洁地回答："这需要对失控来一次信心大飞跃。"

戈尔公司和塞氏公司是全球范围内两个自主管理组织的杰出案例。现在，推动全球各地对自主管理产生兴趣的是被称为VUCA的东西，即波动性、不确定性、复杂性和模糊性。当世界各地的公司都在试图寻找适应VUCA世界的最佳方式时，它

[①] 里卡多·塞姆勒，《塞氏企业》(*Maverick*)和《每周七天周末》(*The Seven-Day weekend*)（纽约：Grand Central 出版社，1993年）。

[②] 里卡多·塞姆勒，《如何运作一家几乎没有规则的公司》，TED，2014年10月，www.ted.com/talks/ricardo_ semler_ how_ to_ run_ a_ company_ with _ almost_ no_ rules。

们一次又一次地发现，自组织被证明是最灵活的。

欢迎来到为自主管理而设计的未来：11 种催化剂

想要了解未来的工作是什么样子的，请试读我的《未来工作的互动元素周期表》(Interactive Periodic Table of the future of work)①。这篇文章的灵感来自我的朋友，科学创业家凯南·凯拉里斯·萨利纳罗（Kennan Kellaris Salinero）。从文中可以抽取出未来变革的 11 种催化剂，它们将帮助社会超越职场官僚主义。这些变革催化剂包括：

1. 技术——新技术和即将到来的技术被证明比互联网更具破坏性。区块链、人工智能、虚拟现实、基因工程、机器人技术、纳米技术和其他许多技术的融合将令人震惊。今天的去中介者自己也将被去中介化。传统的就业结构也不能幸免于变化。人们会要求组织像为它们工作的人一样灵活并富有创造力。
2. 千禧一代和 Z 世代拒绝官僚主义的工作环境，而奔向敏捷的、灵活的、富有创造力和使命感的工作环境。
3. 社群、协会、网络和会议在分享知识、实践和实验方面经历了爆炸式增长，从而推动了创新。这些协作小组将实验中的"失败"视作他们推动创新、建立信任的证明。

---

① 道格·柯克帕特里克，《未来工作的互动元素周期表》，领英，2016 年 12 月 1 日，www.linkedin.com/pulse/interactive-periodic-table-future-work-doug-kirkpatrick-1/。

4. 企业世界选择敏捷软件开发模型——产品和服务开发作为一个整体，转向依赖于持续用户输入的短周期交互式软件开发模型。

5. 社交技术解放了集体智慧——开放空间、世界咖啡，以及其他数百种社交技术实践增强了传统的会议和演示，并成为自主管理的基础。

6. 实践学术——学术的洞见转向实际应用；变革来自奇点大学、盐湖城创新文化中心和密歇根大学积极组织中心等有远见的机构。

7. 虚拟团队——席卷全球的现象级的虚拟、分布式团队协作将持续拥抱同步、异步的自主管理模型。

8. 记者/媒体/博客——商业和主流媒体的记者们越来越多地记录和预测快速变化的 VUCA 世界，并传播信息：公司必须对此加以关注并保持敏捷！许多博客和播客都是关于未来工作的一线记者（例如：Medium.com）。

9. 网络图谱——随着企业员工自组织，组织为了更好地理解人类网络，开始有机地跟踪已形成的流程、创新者和影响者，组织架构图走上了恐龙的灭绝道路。(世界银行和联合国使用"网络地图"，这是一种便于理解网络的灵活和开放框架。)

10. 新产品和服务——新技术使得团队合作和协作成为可能，并通过决策支持、消息传递、投票、调查、度量等方式将社交和文化理解流程化，使得时间、地点和事务无关紧要。

(例如：可查看 Waggl、Slack、Ryver、CultureAmp 等网站。)。

11. 新科学——新的、非线性职场与量子世界的因果涟漪和级联涟漪相呼应，需要实时响应。而那些指令全部线性地来自老板的牛顿力学世界开始消失。①

---

① 玛格丽特·惠特利（Margaret Wheatley），《领导力与新科学》（*Leadership and the New Science*）（美国加州奥克兰：Berrett-Koehler 出版社，2006年）。

Chapter 4

在计划自主管理转型之前:
关于自主管理的考量

突破边界：自主管理的原则与方法

组织结构创新本身就是战略竞争优势的最后一道防线。

——道格·柯克帕特里克

设想你开始认识到自组织在战略、企业竞争、人才上所带来的组合性优势，这种优势组合可以促进自主管理型企业发展，于是当你创业或引领公司走向未来时，开始考虑将自组织作为行动方案之一。不过，等等，你还有很多疑问，其中一些问题完全是逻辑推导出来的，但其他问题更多是本能性的反应。毕竟，我们讨论的是变革。变革可以是令人兴奋、充满希望的，但如若管理不当，也会在组织内滋生恐惧。

自主管理既是组织哲学，又是实践，因此在内部展开任何自主管理讨论之前（或在向利益相关者介绍这一理念之前），首先需要正视有关自主管理的疑问、顾虑和先入为主的观念。为了促进这一讨论——以及你们将在自己的组织内开展的讨论——我提供了一份详尽的常见问题清单,并给出了我对这些问题的回答。一位经验丰富的自主管理顾问可以帮你更好地面对利益相关者可能就特定企业提出的其他问题(例如:应该由哪位同事负责战略,公司将如何决定薪酬,在任的经理人应该做什么,自主管理计划需要多久才能实现)。这些答案很大程度上取决于自主管理计划的范畴、企业规模,以及每个实施阶段希望启动的变化程度。你如果想要严肃探讨自主管理的未来,那么应该预先与利益相关者讨论所有相关的问题,以防止人们对未来的变化产生不必要的焦虑。

自主管理转型:常见问题解答

问:实行自主管理的组织结构听起来像是主动引入混乱,因为人们要自己"管理"自己。如果我们采取自主管理,却导致失控、混乱甚至无政府状态怎么办?

答:每当我与公司领导层会面,听到这些非常合理的担忧时,我都会指出,如果他们公司的员工工作投入度达到美国职场平均水平的话,那意味着有67%的员工已经不投入了——即基本没有积极产出。我会问他们:"在这么多员工不投入的情况下,你会感到混乱吗?"

他们通常会回答:"并不会。"

因此,即使员工没有完全投入工作,没有按照预期产出(即不受控),混乱仍然不会发生。这时我会说:"好吧,如果你让这些人自主管理，每个人都会有自己的目标和明确的职责。更重要的是，每个人都将知道如何衡量自己的成功，并将借由明确的权利在组织内、同事之间就自己的工作进行大胆沟通、创新及协商。每个人都将直接对其他人负责，对个人的使命负责，对企业的使命负责。换句话说，组织将在更大、更广泛的控制下运作，而不是在传统等级制度的单一指挥阶梯下运作。对企业来说，这实际上可能是个更安全的环境，因为当每个人都对其他人负责时，一个更健全的制衡体系就出现了。"我会问："这听起来到底像是一个令人不满的组织，混乱和无政府状态？还是——"（有时我会漫不经心地把《财富》杂志评选的"100家最适宜工作的公司"榜单扔到桌子上），"这是个很棒的工作场所，那种人们都愿意全力以赴工作的地方？"

虽然说了这么多，但混乱是完全合理的。组织变革必须允许混乱的存在。我们必须学会在过于缓慢导致难以发生真正变化和变化过于快速导致真正的混乱随之而来的两极之间进行管理。让人们从一开始就参与变革的创作与创造，构建主人翁意识，是关键的成功因素。

问：我是一名中层管理人员，如果公司中途实行自主管理，我会怎么样？会失去工作吗？

答：当一家公司转型为自主管理（而不是从初创时就进行自主管理）时，这种担忧是情有可原的。我对任何一位处于管理岗位人员的回答都是："公司最看重你的哪些专业能力？无论公司采取哪种组织结构，难道就不再需要你的专业能力了吗？"换句话

Chapter 4　在计划自主管理转型之前：关于自主管理的考量

说，如果你是对组织有贡献的某专业的专家，难道对该项专业的需求会消失吗？但是，反过来看，如果你的工作仅仅是告诉别人该做什么，那么，是的——你的工作可能真的没那么必要了。

当然，这也让人们关注到过去几十年来职场官僚主义犯过所有错误。那些在自己所学习、培训和实习的领域中拥有完美技能和专业知识的人逐渐进入了"人员管理"层。基于美好的初衷，大多数人最终成了管理他人的人（但他们仍然渴望有一天能回到自己最初想从事的职业），但往往事与愿违。事实证明，不同于将专业知识应用到某个业务领域，管理人员需要完全不同的技能，"人员管理"技能基本上依赖于大脑的完全不同的部分。这也许可以解释为什么那么多原本在自己岗位上成功的人当了管理者之后就失败了。例如，一名年轻女士最初以建筑师身份加入了一家工程公司，并被认为是一位出色的工程师。然而，在她还没有反应过来时，领导者就期望她去管理一个团队或工作组。她一直没能很好地应对管理上的挑战，与此同时，她也想知道为什么其他人现在在做她喜欢的建筑工作。

针对这个难题是有解的，那就是拆分管理者的角色，即通过重新设计角色，使人们能够专注于自己的专业知识或技能，当然，如果他们的专长在于与人打交道，他们也可以只专注于此。如此一来，公司就不必再让大量的人成为他们专业领域以外的管理者。(想更多地了解这种商业模式的信息，请访问 peoplecentricorg.com，即以人为本的组织小组。)

对于阅读本书的商业领袖而言，关于中层管理者的这两个问题："我会怎样""会丢掉工作吗"，不仅对管理者表达自身的顾虑至关重要，对整个自主管理项目的成功也很重要。这些问题完全可以被理解，如果我们能积极地、深思熟虑地处理这些问题，就可以确保自主管理项目仍处于正轨，不会受到破坏。而我们也可以付出尽可能小的变动代价，帮助那些处于不必要的管理岗位上的人找到新的目标。

问：如果员工表达对自主管理的担忧该怎么办？

答：同样，恐惧伴随变化（甚至只是可能变化的传言）而来。这是人类的天性，无法避免。人类总是恐惧未知，而由恐惧驱动的行为很少是主动、积极的行动。所以关键是要直面恐惧，以个性化，而非统一的方式去处理。毕竟对于公司员工来说，自己未来的不确定性是个性化的。这意味着你需要进行大量的，也许是详尽的——与团队、小组、一对一——对话或采取任何其他可行的方式。重要的是，讨论必须是双向的，因为在这些对话的早期阶段充满了大量的恐惧，它们必须得到处理，不能掉以轻心。即使恐惧没有外显出来，你也应该始终假定恐惧存在于组织内部发生广泛变化的任何时刻。给你一个警告：你如果不去倾听恐惧，它们可能对你的自主管理项目造成比预想更大的损害。这就带来了下一个问题……

问：如果自主管理项目遇到了隐性阻力怎么办？我们该如何感知它以及防止其对自主管理产生破坏性和不良行为？

答：要感知这种隐性阻力的确很难，尤其是你如果从一开始就假设所有人都在一条船上的话。在第三章"自主管理的力量"中，我讲述了自己和某家客户公司的经历，这家公司的高

Chapter 4 在计划自主管理转型之前：关于自主管理的考量

级管理层找我帮助他们实现自主管理。但直到后期，我才发现某个中层管理人员在我们努力推进该项目时一直在暗中作梗。该公司的首席执行官是一个比较沉默寡言的人，他最终屈服于该中层管理人员因担心自己失去决策权力从而施加的压力。

从那次经历中我吸取了很多教训，其中最重要的是：公司领导者必须从一开始就完全参与进来，并始终如一积极地持续参与。公司领导者应毋庸置疑地全心全意地致力于这一变革。一旦宣布要进行组织变革，公司的领导者就不能被动地站在变革的幕后，仅仅单纯地观察事物的发展。公司领导者必须从头到尾亲力亲为，积极推进，全情投入。如果他不愿意全力以赴推动自主管理项目，那么项目就应该停止，否则就是浪费时间。如果在中层管理人员中发现了强烈的抵触情绪（甚至是不那么明显的被动攻击性抵触情绪），都必须迅速予以解决。

所以，当领导者不能100%地投入或积极参与时，将是一个危险信号。缺乏热情的领导支持的另一个危险信号是：团队成员自身没有兴趣去探索和自主管理相关的知识——无论是阅读、研究，还是参观其他公司等。记住，要想在不断扩大的圈层中形成坚实的项目成果，需要让那些"蜜蜂们"（那些坚定支持这些的员工）走出去，跳他们的"摇摆舞"，吸引并招募其他"蜜蜂"，不断如此进行。

问：那如果员工要离职呢？如果员工就是不适应自主管理，决定主动离开公司怎么办？

答：在某种程度上，员工离职是可以被预见的。虽然自主

突破边界：自主管理的原则与方法

管理对每家企业和每个人都有无数种好处，但现实是，有些个体也许无法欣赏这种变革带来的全然的责任、担当无限的可能性。我由衷地相信，即使是最内向的人，当他们善用自己的权利——被听见、参与贡献和创新的权利时，都将绽放。但我也承认，团队或组织内的人内在感受准备迎接改变的时机是不同的，在他们适应新的自由水平之前，需要寻找一种他们更为熟悉的组织结构类型。对某些人来说，能够在被需要的时候大声说出自己的想法有时候会引起一些令人不适的心理反应。这些人可能认为传统工作环境、严谨的组织结构是安全的——即使它剥夺了他们每天在工作场所行使的某些权利。你需要接纳员工离职，而不是被它吓倒而因此退缩，并尽可能优雅地处理它。这可能包括帮助人们找到能更好满足他们需求的其他工作。

问：让更多圈层的公司成员加入自主管理项目的过程听起来既充满挑战，又漫漫无期。这具体包括什么？

答：自主管理的理念很难被"推销"给某个人，再由他来代表整个企业决定改变组织模式。某个人可能会提及这个概念，但一般是领导团队对此感兴趣，或者由公司领导召集领导团队来研究自主管理的前景。团队成员可能会就该主题进行大量阅读和研究。如果他们对此很认真，可以在他们作出更多承诺及开展工作之前聘请一名顾问，由顾问向他们介绍自组织基本概念和现有的各种模式。不同公司在领导层决定推进自主管理之前，所需时间和需要会议的次数完全不同。一些领导团队在作出承诺之前，考虑到潜在的阻力（和产生阻力的人），会反复花

Chapter 4 在计划自主管理转型之前：关于自主管理的考量

几个月来讨论。另一些领导团队则很快意识到自主管理就是他们的未来。最近，我应邀与一家教育初创公司的领导团队会面。该公司首席执行官非常积极，领导团队也做了很多功课。当我到达时，他们直截了当地告知我："我们想和你合作，所以我们一起来谈谈这个组织将会是什么样子。"

通常情况下，在不断扩大的会议中，领导团队通过持续说服、坚持和承诺，通过无数关于如何处理在过程中可能遇到的员工阻力的讨论，让自主管理的想法萌发、生根、成长。事实上，聪明的领导者会在早期主动挖掘阻力，这样他们就能决定如何处理每一种情况。关于阻力，永远不要兜圈子，因为它会严重阻碍领导团队的所有组织变革想法。

问：转型到新的组织结构，比如自主管理，会需要大量密集的工作吗？

答：为企业设计全新组织结构的过程的确需要大量的前期投入。我们之前提到的持续和不断扩大的讨论是此项工作的第一部分。组织变革需要寻找那些可以推动组织变革的"融合剂"作为驱动力；他们既理解现有的文化，也理解新思潮的愿景。

此外，企业的语言需要进行精微但明确的改变。在这本书的前几章，我们看到了"雇员"一词，其字面意思是"为了报酬为别人工作的人"。我们还谈到了"直接下属"和"人力资源"——这些看起来指向人的古老的人力资源术语，其实都是旨在加强命令和控制而设计，而不是为了激励有创造力、创新精神的人达到新的高度。自主管理的企业必须认真思考其语言

突破边界：自主管理的原则与方法

和概念框架，包括已经根深蒂固的非人性化的"人力资源"理念。这些都需要时间和认真思考。

接下来，需要精心设计工具和资源以确保流程清晰、顺畅，并最终确保自主管理成功实现。此处所需要的基础工作的核心是书面的、相互认可的"对等协议"或那些为企业的目标而协作的人之间的合约。我们将在第二部分"自主管理路线图"中详细讨论和说明这些协议。基本上，同事协议的概念需要符合以下核心原则：

- 非胁迫原则：没有人会告诉公司成员该做什么；同事之间就他们的工作协议进行协商和重新协商，并就发生新的或增补的合作与其他相关同事协商。
- 信守承诺原则：公司同事对其他同事和企业整体负责；承诺什么就做什么，或者随着条件变化进行重新协商和承诺。

同事协议是一种针对个人职责（在第十章"将自主管理带入生活：真实世界里自主管理实施的12个组件"中找到这种协议的示例）的契约，它精心定义了个人目的和工作内容。它明确了每个人的决策权力范围，并与其他人的决策权力范围相呼应、适配。此外，它还详细说明了个人将如何衡量自己的业绩表现，因为不再有老板来发号施令了。任何人都可以和另外3个人甚至是另外25个人签订协议，所有的细节都在他或她的合约中。这些人也与他人协商，从而有自己的协议。在企业中，

Chapter 4　在计划自主管理转型之前：关于自主管理的考量

协议网络（实则是社会协商）将随着挑战的变化而变化。此外，公司内部的同事将不断感知并响应工作场所、市场和世界的变化——所有这些变化都对协议网络带来影响和成长。

仔细想想，这种社会协商正是我们大多数人在日常生活中与维修人员、服务人员、邻居和家人之间进行的——只是通常我们不会对其进行书面记录。在自主管理的工作环境中，同事协议使得每个人的工作都变得明确；这正是我一直建议使用它的原因。企业的所有员工都完全清楚他们在做什么，以及为什么这样做。这些有形的、明确的协议不仅消除了组织中人们的困惑和误解，而且还充满悖论地解放了它们的制定者，让他们体验到一种通常在传统组织中不存在的、隐性的、直觉性的意识和理解。

好消息是，所有这些前期需要做的工作确保了自我延续的过程。换句话说，如果你能很好地实施自主管理，那么那些重组、画组织架构图、为无休止的管理问题寻找变通办法、增加更多管理层级的日子就结束了。最重要的是，随着企业社群不断创建自己的协议网络，参与快速实验迭代，设定自己的目标，并建立自己的路径来实现它们，企业本身就成了一个成功的无边界生态系统。透明和清晰推动担当，这个组织将真正成为一家无限制企业。

对传统管理者来说，组织的自主管理是一种难以置信的解放。如果两名老下属发生了冲突，你可以直接地给他们一个解决冲突的流程，并祝他们好运——解决冲突是他们自己的事。

突破边界：自主管理的原则与方法

问：对于那些习惯于指挥权威的公司领导者来说，转向自主管理似乎有违直觉。但我听说越来越多的首席执行官正在研究自主管理模式，到底是什么在激励着他们这样做？

答：当今组织变革需要解决很多问题，其中最重要的是企业的竞争优势问题、一直都很重要的招聘和人员保留问题（尤其是面对千禧一代和 Z 世代）、越来越普遍的员工敬业度不足的问题、生产力问题，以及伴随着 21 世纪的到来，公司需要越来越拥抱敏捷的组织再造问题。一些首席执行官看到自己公司的软件团队，已经通过敏捷开发模式开发定制化产品，并不断与员工和其他人进行互动迭代及创新产品。他们好奇，企业为什么不能以类似的模式运作，并且在运作过程中变得更具创造性、更具响应性呢？

还有一些更直接或更具个性化的问题也成了组织变革的驱动力，它们常常激励首席执行官迅速行动。最近，一位即将退休的公司创始人联系我，他说希望自己的公司在未来几十年里保持健康和营利。他认为，创建一个弹性组织的最佳途径是自主管理，而不是依赖于寻找完美的首席执行官继任者——在那个时间节点寻找继任者是颇具挑战性的。

那些对收购、合并感兴趣的公司也对自主管理表现出越来越浓厚的兴趣。他们明白，造成员工投入度不高等问题根源的官僚组织模式如今在全球范围内被认为会抑制企业增长，危及企业未来的竞争力，甚至危及企业的生存能力。

而且，从实证角度来说，尤其是对当今已经意识开启的领导人来说，人性是原动力。当我们进入信息更加丰富的时代，人们寻求工作和生活更好的平衡，创业者和那些组织变革者非常认真地对待工作和生活的平衡。他们认为，那些在自己的工作中感到快乐的人工作效率最高。他们明白，在工作中得到满足的人会把这种满足带进他们的社区和日常生活的其他部分，从而为所有人创造一个更美好的世界。自主管理的公司营造了这样一种环境：通过对工作的参与和热爱创造更大的价值，从而让所有人——客户、员工和公司所有者——都能获得更大的收益。

问：听起来自主管理更像是硅谷才会感兴趣的东西。对我来说，这很像"格兰诺拉麦片"——近似于社会主义或共产主义的概念，合乎伦理但最终无利可图。

答：自主管理的企业可能是你能想象到的最具驱动力、最关注核心业务、最基于数字化和底线保护导向的企业。只要看看在自主管理的组织模式上毫不妥协的番茄加工企业晨星就能明白。这是一家在竞争激烈的利基市场中成立的公司，但它很快就超越了竞争对手，成为世界上最具影响力的番茄加工企业。尽管身处非常传统的行业，该公司的所有者克里斯·鲁弗却深信，借助自主管理，公司将在生产力、创新和客户服务等方面超越竞争对手。他是对的。戈尔公司的比尔·戈尔和海尔的张瑞敏也是对的。这三位公司领导者（以及其他像他们这样的人）都将事业成功放在第一位。他们都相信，通往成功之路可以通过企业和员工的相互成就来实现。他们的信念与他们对人类及其需求和抱负的理解，以及对核心原则的深刻理念有关。员工本质上是人，视人为人，似乎应该是常识。

开启你的自主管理之旅

是的，计划激进的组织变革看起来是个压倒性的命题，但它不必然是。在接下来的章节中，你将会快速习得：

- 如何找到组织在自主管理的恰当位置的感觉。
- 一大批可供借鉴的现实生活中的自主管理模式。
- 一些实施并启动自主管理项目所需的战略、战术方法和工具。
- 一套自主管理可能带来影响的流程（在自主管理之旅中可能会发生什么）。
- 帮助你向组织中的所有利益相关者推广自主管理强有力的指导。
- 来自当前自主管理领导者的最佳实践。

面对无数后续关卡，仔细思考各种可能性、资源、工具和后续影响后，你会迎来令人兴奋和极富回报的挑战。

你的自主管理灵感和旅程就在第二部分开启。

第二部分

自主管理路线图

> 公司需要做的仅仅是提供可供玩耍的沙盘,如此而已。
>
> —— 埃德加·H. 沙因
> 麻省理工学院斯隆管理学院教授
> 和组织文化与发展权威专家

Chapter 5

新的工作方式

突破边界：自主管理的原则与方法

> 企业的工作就是作出并信守承诺。
>
> ——费尔南多·弗洛雷斯
> 智利工程师、企业家和政治家，
> 他的行动工作流和承诺管理理论是工作场所组织变革的基础。

商业世界中的自主管理就是信守承诺——对客户、公司使命以及所有员工——信守承诺是企业治理的关键，无论它是何种类型的组织。坦率地说，如果企业主希望企业保持活力和竞争力，信守承诺应该是任何组织的目标。即使在极度压抑的工作环境中，大多数企业主也希望信守对客户和市场的承诺。只是传统的官僚机制通常依靠命令和控制来迫使员工履行他们的承诺。但那是强制，而且无法在后续的时间里很好地发挥作用。

从奴役到救赎

当我们沿着组织结构的连续体进行观察时,事实上我们看到的是工作环境中不同程度的强制与不同程度的自由。这种连续体的最极端例子向我们展示:一端是最压抑的工作环境,另一端则是完全自主管理模式(自由地生产、创造和创新,没有命令和控制)的工作环境。可能它看起来是这个样子:

从完全管控到零管控

| 奴役 | 契约奴役 | 传统雇佣:没有劳工保护 | 传统雇佣:有劳工保护 | 开明的雇佣实践(赋权) | 零指令授权 |

在完全奴役的工作环境,老板统治,工人没有任何权利,甚至没有为他们的劳动要求工资的权利。在类似晨星这样的完全自主管理的企业模式中,没有老板,也没有别的经理。(具有讽刺意味的是,在一个纯自主管理的组织中,实际上到处都是老板,因为公司的每个员工都对整个企业的所有同事负责。)

因此,当你自己的公司对自主管理产生兴趣时,无疑你会担心控制问题:最终谁将控制组织?它会完全自主管理还是会有不同程度的自主权？管理层原封不动还是散布在动态项目团队中？管理人员的数量会大幅减少吗？或者像晨星那样，根本就没有管理者？准确地说，谁将对谁负责？

有许多方法将帮助你解决这些问题和其他类似问题。而且，正如我们所说，其中一些方法是个人的和哲学的。例如，作为公司领导，你在多大程度上相信个人自由或员工享有幸福的权利？

哪条路适合你？（提示：没有"正确"的答案）

前面提到的所有考虑因素都将成为我们在下一章中描述的自我评估过程的一部分，它们对于其他自主管理或面向未来的公司领导者作出的决策也至关重要。稍后，我们将了解其中一些公司，以及它们选择部署的治理框架。无论它们在评估时是否熟悉远程制或合弄制等组织框架术语，它们仍然可能选择了一种类似于这些框架或其他类似框架的自治或半自治的治理形式。或者它们可能只是选择了真正的自主管理的最简单模式。

随着商业逐步进入 21 世纪的更深处，组织可以而且将会采取多种途径来打造更加充满活力、高参与度、自由、可持续、相互尊重和高绩效的工作环境，这些工作环境依赖于个人的选择、承诺和成就感——而不是胁迫。今天，组织有多种选择，包括合弄制、远程制、全民共治、民主制、线序制、小众制、自主管理、完全结果导向的工作环境（Results Only Work Environment, ROWE）、敏捷管理、横向管理、维基管理、激进管理、网格管理，以及任何方法，这些将官僚主义的关注点重新转移到个人效能上的其他方法。以下是此类方法的示例；在适用的情况下，我还列明了选择这些框架的公司。这些选择旨在给出一些有代表性的评分准则、理论、框架、方法、概念、系统和方法的核心样本，并非详尽无遗或完整的陈述。

合弄制

据合弄制总部称，合弄制"为同事—同事的组织带来协作的结构和纪律"。① 合弄制是一个自主管理框架，由管理思想家和企业家布赖恩·罗伯逊（Brian Robertson）和汤姆·汤米森（Tom Thomtson）于 2007 年推出，它邀请每个人参与到治理、基于角色的决策和共同使命的创建。合弄制旨在用 21 世纪自适应的感知和响应方法取代过时的预测和控制范式。

2013 年，美捷步（Zappos）首席执行官谢家华（Tony Hsieh）为公司的 1500 名员工采纳了这种结构。他的目标是创建一家企业，不是一家等级森严的官僚公司，而更像是一个人和企业自我组织的"城市"。《华尔街日报》报道称，在过去十余年中，有 300 多家公司尝试了合弄制。②

---

① "什么是合弄制"，合弄制，于 2019 年 1 月 17 日访问，"What is Holacracy"，Holacracy，accessed January 17，2019，https：//www. holacracy. org/what-is-holacracy? hilite＝%27brings%27%2C%27structure%27%2C%27and%27%2C%27discipline%27%2C%27peer-to-peer%27%2C%27workplace%27。

② Rachel Emma Silverman,《无须老板的 5 件事》,《华尔街日报》，2015 年 5 月 20 日。

突破边界：自主管理的原则与方法

合弄制

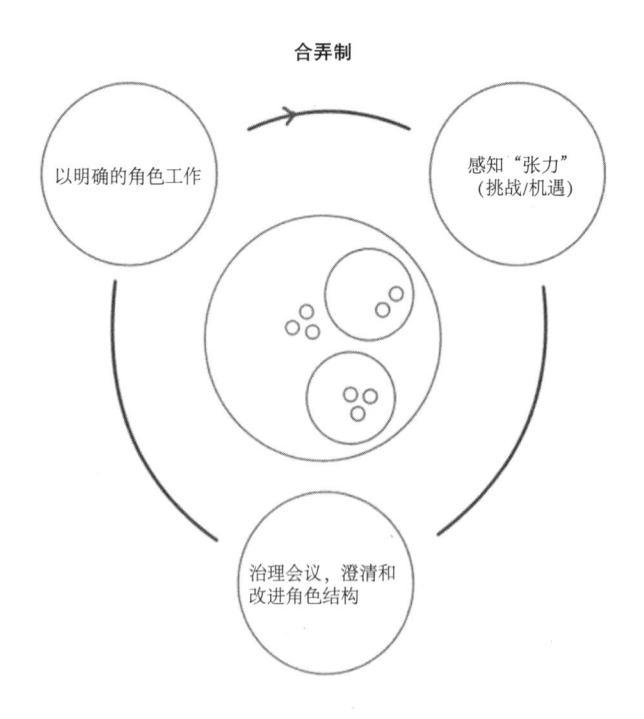

以明确的角色工作

感知"张力"
（挑战/机遇）

治理会议，澄清和
改进角色结构

图片由Mohammed Ali Vakil与经过认证的合弄制提供商Calm Achiever创建，经合弄制One, LLC的Brian J. Robertson和Mohammed Ali Vakil许可使用。

民主制

组织的民主制是由 WorldBlu 组织发起的一项运动，该组织由其创始人特蕾西·芬顿（Traci Fenton）领导。

根据网页"WorldBlu：工作中的自由"，组织的民主制是一种"基于自由而非恐惧和控制的组织体系。它是一种组织设

Chapter 5　新的工作方式

计的方式,以扩大人类潜力以及整个组织的可能性"。WorldBlu 的愿景是让 10 亿人在世界各地自由工作。一个十项原则列表(在 WorldBlu 公司网页上有更详细的介绍)定义了民主工作场所:

1. 使命与愿景
2. 透明度
3. 对话与聆听
4. 公平与尊严
5. 问责制
6. 个人和集体
7. 选择
8. 诚信
9. 去中心化
10. 反思与评价

配备这些原则,WorldBlu 利用记分卡,对从基于恐惧到以自由为中心的组织连续体就以下三个方面进行整体评估:领导力、个人绩效,以及系统和流程。通过这种方式,可以衡量参与公司的进展,因为它们沿着连续体发展。迄今为止,这些公司包括 Davita Healthcare Partners、DreamHost、WD-40 公司和 PropellerNet。WorldBlu 组织在全球拥有多元化的公司名单,涉及技术、制造、医疗保健、教育、零售和专业服务等行业。更多有关工作场所民主的信息,请阅读 Lynda Gratton 撰写的《民主企业：以自由、灵活性和承诺解放你的企业》。①

远程制

远程制组织框架的主要倡导者是作家兼顾问迪恩·塔克（Dean Tucker），他是美国国家航空航天局阿波罗项目和波音747喷气式客机的工程师和波音资深人士。

远程制（Teleocracy，源自希腊语 teleos，意思是"使命 purpose"），是一种基于明确使命感的管理框架——对于千禧一代尤其重要，正如我们之前所说，他们对于像父辈一样常年对公司保持盲目忠诚不感兴趣。千禧一代寻求工作/生活的平衡，不害怕失业；他们需要被灌输一种与更大世界相关的公司使命和意义感。远程制——或"使命驱动的管理"——旨在通过使命、价值观和愿景陈述来满足这一需求，然后通过自组织团队来实现。其他远程制功能包括：

- 开放式账簿管理（员工可以阅读和理解财务报表，并了解他们的活动对利润的影响）。
- 员工处于企业利益相关者中的高优先级。
- 新颖的薪酬方案。
- 统计上合理的、基于时间的绩效衡量标准，可以触发对话，让员工可以自由地告诉彼此实情。

---

① Lynda Gratton，《民主企业：以自由、灵活性和承诺解放你的企业》（新泽西州：FT 出版社，2004 年）。

如需了解更多关于远程制的信息，请阅读塔克的《利用使命的力量：如何克服官僚主义并取得非凡的商业成功》①，书中详细介绍了 70 多个"以使命为导向的公司，其股票以 6∶1 的优势胜过同行公司"的例子。

全民共治

全民共治的主要倡导者是约翰·巴克（John Buck），他深谋远虑、勤学好问，对组织中的社会治理非常支持。他的咨询公司提倡"响应迅速、有效、适应性强、透明的组织"。该团队提供培训、引导、社会治理实施和指导服务。他们承诺提高组织能力、更好的结果、更大的和谐、减少开销、分散的权力以及专注于重要的工作。

全民共治并不新鲜：第一个社会治理组织由 Kees Boeke 和他的妻子 Betty Cadbury 于 1926 年创立，他们都是荷兰的教育家，并在那里创办了一所基于全民共治原则的学校，至今仍在运作。2007 年，约翰·巴克和莎朗·维林（Sharon Villins）发表了他们关于全民共治的开创性著作。全民共治的核心植根于三个原则：

- 共识——所有政策决定必须通过的通道。
- 圈层——整个组织结构中的半自主器官。圈子使用

---

① 迪恩·塔克，《利用使命的力量：如何克服官僚主义并取得非凡的商业成功》(印第安纳州布卢明顿：AuthorHouse，2008 年）。

基于共识的决策过程在其职责范围内制定政策。分布式领导确保每个受决策影响的人都有发言权。

- 双链接——在圈子之间建立反馈循环（可以在组织的网站上了解双链接的细微差别）。

这些原则通过系列"应用程序"实现，其中包括透明地选举个人在圈子内的角色、成员资格（添加或删除圈子成员）以及圈子成员对圈子成员的绩效评估。公司客户包括制造商、贸易协会、房产服务、学校和非营利组织。需要了解更多有关全民共治的信息，请阅读约翰·巴克和莎朗·维林所著的 *We the People: Consenting to a Deeper Democracy*。[1]

2015年，James Priest 和 Bernhard Brockelbrink 推出了最先进的版本——全民共治3.0（Sociocracy 3.0）并开源出来。根据他们的网站介绍，他们"寻求使 S3 可用并适用于尽可能多的组织并根据知识共享、自由文化的原则为想要学习、应用和向他人介绍全民共治3.0（Sociocracy 3.0）的人们提供资源"[2]。Priest 和 Brockelbrink 与团队成员 Liliana David 一起创建了《全民共治3.0（Sociocracy 3.0）——实用指南》(可在他们的网站上找到)。

---

[1] 约翰·巴克（John Buck），莎朗·维林（Sharon Villlins），*We the People: Consenting to a Deeper Democracy* (Sociocracy.info，2007年)。

[2] Bernhard Brockelbrink、James Priest 和 Liliana David,"全民共治3.0的历史"，全民共治3.0，2007年，https://sociocracy30.org/the-details/history/。

Chapter 5 新的工作方式

流线制

流线制,是由终身社会架构师乔·哈兹本(Jon Husband)于1999年推出的一个概念。该运动的网站强调,虽然流线制听起来像一种由相互关联的人和技术实现的范式,但它更是"一种基于知识、信任、可信度和关注结果的权力和权威的动态双向流动"。

基于由 21 世纪实时互联的信息流而产生的组织原则,流线制的出现"表明人类活动及其所处的社会结构正在从自上而下的命令-控制式进化为支持—引导"。该概念使"引领创意和创新,以及投入时间、精力、权威和资源来测试这些想法以及这些想法是否足够创新"成为可能。[1]

在这里,原则被用于定义和设计使命、背景以及在一家公司或组织内的运作方式。《流线制:未来组织工作方式的素描》是一本非常实用的多人合著电子书,其中包含与工作场所中的流线制相关的思想、指导和概念。[2]它由哈兹本与众多知名人士合著,例如,数字工作场所研究员兼作家简·麦康奈尔(Jane Mclonnell)[《数字时代的组织》(*The Organization in the Digital Age*)],管理趋势观察家 Thierry de Baillon,前投资银行家、现作家兼博主 Rob Paterson,互联网时代联盟智囊团主席 Harold

---

[1] 乔·哈兹本,《什么是流线制?》,领英,2014 年 11 月 24 日,https://www.linkedin。com/pulse/20141124231801-69412-what-is-wirearchy/.。

[2] 流线制 ABC,《流线制:未来组织工作方式的素描》(流线制,2015 年)。

突破边界：自主管理的原则与方法

Jarche，以及社会/组织网络分析专家 Valdis Krebs 等。

下面是来自哈兹本本人一篇博客文章中层级结构与线性结构的对比草图。这张图看起来也许有些简单，但是，它在金字塔架构的层级结构旁边，清楚地展示了线性结构的非结构化、动态的权力和权威流动（或"引导"），它能够在组织内的任何地方"支持"思想和创新。相反，请注意在层级结构中，创新通常是在组织金字塔之外被驱动。正如哈兹本所观察到的："这些'新的'超链接条件使我们几乎可以立即获得各种信息和知识。它们还使共享、检验和使用这些信息与知识变得容易。这些'新'条件不会消失。它们会越来越频繁地加强和吸引我们。在追求高绩效的过程中，对于持续学习和适应能力的需求变得越来越真实，也越来越重要。"

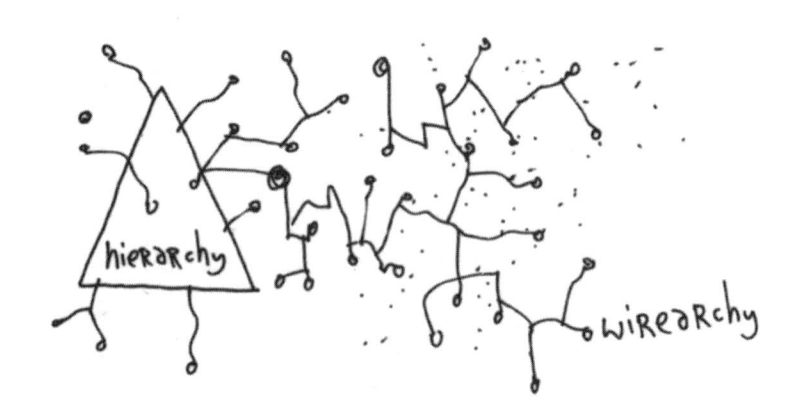

流线制的非结构化、动态的权力流能支持来自企业各个地方的想法。
版权所有©乔·哈兹本

Chapter 5　新的工作方式

微单元制

早在 20 世纪 80 年代后期，当沃尔沃将其部分工厂的汽车组装工作从装配线转移到由工人组成的小团队单元（实际上是吊舱），由他们完全负责一辆接一辆地组装沃尔沃汽车时，微单元制就开始存在了。这个想法是通过依靠独立自主协作的个体从头到尾查看车辆来促进销售并对质量产生积极影响。希望这种方法比期望工人作为更大整体（公司）的一部分匿名贡献更有效，将质量和创新提升到一个新的水平。在这里，质量和生产力同时起飞。

众多公司，比如科技设备制造商京瓷，服装零售商 Nordstrom，娱乐和软件技术生产商 Valve Corporation 也分别采用了单元制。小微组织摒弃了传统的自上而下的、部门化的孤立组织结构，转而采用微单元方式，公司的每个角色在这个单元里都有人承担，每个单元都是自治的，是整体业务的微缩呈现。其倡导者称，单元制令公司能为客户提供更大的价值，而不会中断其他业务活动或触发不同的支持活动。微单元专注于客户和公司的整体目标，而不是简单地执行某些步骤或停留在某个阶段。即使某个单元摇摇欲坠，整体仍然可以茁壮成长。

微单元制的目标是减少相互依赖，同时促进整个企业工作量有效地协调和分配。尽管如此，仍有多种方法可以将微单元连接到更大的业务。一些支持者喜欢类似网络的场景；其他人建议采用轴辐式、多轴辐式，甚至线性连接方案。一些组织已经完全采用微单元制，而其他组织仅在公司的某些领域使用这个制度，例如在汽车制造厂的装配车间。另外，无论是复杂的、正式的圈层结构（合弄制），还是动态、有机地采纳一种非结构形式，微单元制现在都是一个被广泛接受的概念。下面是微单元和模块制组织配置的插图。

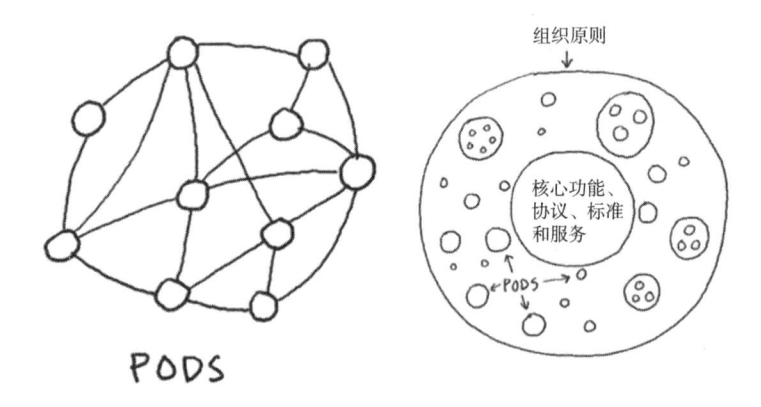

单个单元（左）是单元配置示例（右）中的一种自我维持的"有机体"。Dave Gray 的 "Pods" 和 "单元制" 在 CC BY-ND 2.0 下获得许可。https://creativecommons.org/licenses/by-nd/2.0/。

锐意发展的组织（DDO）

罗伯特·凯根（Robert Kegan）和丽莎·莱希（Lisa Lahey）（与合著者 Matthew L. Miller、Andy Fleming 和 Deborah Helsing）在其 2016 年出版的《人人文化：成为一个锐意发展的组织》一

书中支持了锐意发展组织（DDO）的想法。①他们在书中指出了组织需要与每个人的内在目标保持一致：成长。为组织中的每个人提供成长机会——不仅仅是"高潜力"——创造一条实现未利用潜力的途径。

他们分享了案例研究、故事和实践，这些案例研究、故事和实践有效地传达了采用 DDO 原则的好处。虽然不是组织结构本身的一种方法，但 DDO 关乎释放组织内每个人的人类潜力。

> **斋浦尔地毯：你可以自行管理的艺术**
>
> "我们不卖地毯；我们出售一份家庭的祝福。"
>
> Nand Kishore Chaudhary 被他的亲密同事称为 NKC，一个身负大任的人。谦逊的斋浦尔地毯（Jaipur Rugs）创始人现在雇用了 40000 名织工，制作手工编织装饰地毯并销往 40 个国家，他正在践行如何利用组织自主管理的力量提升劳动力的协作和决策权。自 1978 年离开稳定的银行业工作以追求自己的创业梦想，并从父亲那里借了 5000 卢比创立公司以来，他和他的公司取得了长足的进步。

---

① 罗伯特·凯根，丽莎·莱希，《人人文化：成为一个锐意发展的组织》（布莱顿：哈佛商业评论出版社，2016 年）。

起初，他与 9 名织工利用 2 台织机一起制作地毯，然后骑着踏板车四处销售。在接下来的三年里，他将织机的数量增加到 10 台，需要更多的工匠来操作它们。媒体开始关注：艺术史学家 Ilay Cooper 于 1980 年为 *Inside-Outside* 杂志撰写了一篇关于 NKC 和斋浦尔地毯的专题报道。媒体的关注是有道理的：华丽、优质、手工编织的地毯是精美的艺术品，你可以在上面行走（或挂在墙上），并且可以世代相传。

NKC 的脑海中开始形成一个战略：消除从系统中获取利润的剥削性中间商，并将这些利润直接分配到创造艺术的杰出工匠编织者手中：来自贱民阶级的村民，他们负责实际工作。全球市场很高兴为愿意支付高价的客户提供适合步行的地毯——而斋浦尔地毯已准备好供应它们。

斋浦尔地毯的灵感设计团队对美丽的手工地毯图案的需求不断增长，导致印度农村地区的生产扩大，使用对讲机（当时印度政府很少允许的特权）来管理供应链。20 世纪 90 年代后期，斋浦尔地毯的销售和分销部门扩大到包括美国在内的西方国家。该公司的织工社区迅速扩大以满足全球需求，来自拉贾斯坦邦和古吉拉特邦的织工巧妙地制作出令人愉悦的触觉和视觉的奇妙作品。

在制定自下而上的商业战略的同时，NKC 的女儿 Kavita（"Kavi"）Chaudhary 进行了专业学习并完成了卓越的设计，推出了系列作品并赢得了国际设计奖项。

Chapter 5 新的工作方式

她的其中一个系列 Anthar（意为"差异"）是一个因错误而生的地毯系列（因此被称为"错误"系列）。无论是否完美打结（没有双关语），每张地毯都讲述了一个故事。"错误"系列中的一张著名地毯讲述三个编织者的故事，他们一开始相处得并不好（在地毯的底部，一切都从那里开始）——他们脱节的编织表明了这一点。随着三名织工加深了解，他们开始了更高层次的合作，他们的编织变得更紧密、更协调。最后，在地毯的顶端，当织工们以相互信任、完美同步的方式和谐地工作时，团队的艺术性大放异彩。因此，地毯成为团队合作和卓越的隐喻。通过学习如何一起工作，三名织工克服了他们之间的分歧。

正如 Kavi 明智地观察到的那样："'差异化'表达了我们的宗旨，即使用设计作为媒介，将世界从印度最小的村庄连接到全球顶级城市。通常被认为是错误的东西已经变成了一件艺术品。"① 在最近的一次视频采访中，她直截了当地表示："对我来说，美就是和谐。"② "差异"赢得了 2016 年德国设计奖。

---

① 《Anthar, Jaipur Rugs 的 Project Error 系列地毯，当错误成为艺术作品时》, Infurma, 2015 年 11 月 30 日, https://news.infurma.es/decoration-2/anthar-the-carpet-by-jaipur-rugs-of-its-project-error-collection-when-an-error-becomes-a-work-of-art/12945。

② 《斋浦尔故事》, 斋浦尔地毯公司, 2016 年 4 月 26 日, 视频, https://www.youtube.com/watch?v=EAAGyCjsUWk。

突破边界：自主管理的原则与方法

NKC 的目标之一是将织工直接与客户联系起来。诸如将织工手工制作的明信片寄给客户和带织工参加国际颁奖活动等举措是工匠个人与市场建立联系的两种方式。人际关系至关重要。正如 NKC 所说："我们不卖地毯；我们出售一份家庭的祝福。"[①] 这在世界上几乎是独一无二的，也是对斋浦尔地毯谦逊的创始人和他自己才华横溢的家庭的惊人证明。顾客从他们的地毯之美中感受到祝福，经常拜访他们制作地毯的村庄并亲自感谢创造者——艺术、慷慨和善良的良性循环（以及大量工作——一张地毯可能包含 100 万个结）。

将织工与客户直接联系起来是人力发展的巨大催化剂。定期将织工聚集在一起看成品，这促成了更大的参与和创新。一项允许织工开发自己设计的新计划释放了创造力和创新能力。织工们分享自己生活的方方面面，并通过他们的艺术讲述自己的故事。正如 Kavi 所说："通过地毯，顾客可以洞察织工的生活。"[②] 村庄、动物、人和风景都成为顾客重视的艺术故事的一部分。将织工与客户联系起来，又回到织工的循环，正在带来无穷无尽的幸福红利。

[①] 詹姆斯·艾伦（James Allen），《斋浦尔地毯：销售家庭的祝福》，贝恩公司，2015 年 4 月 8 日，https://www.bain.com/insights/jaipur-rugs-sell-a-familys-blessing-fm-blog2/。

[②] 《斋浦尔地毯：创始人在行动中的心态》，贝恩公司，2016 年 5 月 7 日，视频，https://www.youtube.com/watch?v=jPEY1KRYf3E。

NKC过去的想法是，现在也是，通过个人、经济、教育和社会赋权来改善生活，而不仅仅是捐赠慈善事业。① 正如他在最近的一次交谈中告诉我的那样："织工正在为自己创造更美好的生活。她们现在可以为孩子提供教育，让自己的丈夫有可能离开村庄去工作，并改善他们的社区。" 他的商业目标是个人发展、市场自治和所有人的繁荣。② 通过这一切，他仍然谦逊："我从不说我对织工有任何好处。恰恰相反：他们对我很好。"③

这听起来像是健全的社会企业家精神的缩影。但 NKC 的事业还没有完成——远未完成。

企业的自主管理：释放无限潜力

随着公司的发展，NKC 发现自己忙于经营国际业务，并没有像他希望的那样在一线花太多时间，从而与他所爱的人——织工失去了联系。为此，他发起了一系列举措来重拾最初的热爱：在教育、扫盲、辅导、指导、参与和组织自主管理方面的

---

① 《编织者》，nkchaudhary，2019年5月2日访问，http://www.nkchaudhary.com/weaver/。

② 47&48Anshul Dhamija，《斋浦尔地毯的 Nand Kishore Chaudhary：地毯致富故事》，福布斯印度，2018年1月16日，http://www.forbesindia.com/article/social-impact-special-2017/jaipur-rugs-nand-kishore-chaudhary-a-rugs-to-riches-story/49135/1。

③ 同上。

突破边界：自主管理的原则与方法

举措。随着 NKC 花时间与织布工重新建立联系，大量机会出现了。他意识到，正如斋浦尔地毯一名经理 Sanjay Singh 所说："他们不仅仅是织工。他们内在有着美好的品质。他们中的一些人是出色的动员者、质控员和教师。"[①] NKC 的伟大实验能否成为大规模实施自主管理的关键？

我有幸参观了其中一个村庄，听取了负责转型的领导者以及实现转型的织工的意见。

如果把自主管理用一句话总结，那就是尊重组织中每个成员的声音。NKC 体现了一种根深蒂固的信念，即在每个人的自主管理之旅中都应享有尊严。他无视印度严格的种姓制度，不相信人类应该"不可接触"，从而创造了一个令人惊叹的织工社区。他认为人们不应该以种姓来评判，而应该以他们自己的行为来评判。无论他走到哪里，在他遇到的每个人身上，在他所看到的一切中，他都能发现美。

当我和 NKC、他的女儿 Kavi，以及人力资源主管 Amit Kumar Agarwal 一起参观一个村庄时，我们看到编织者们真实地展示了 NKC 自主管理愿景的力量。我们从质量管理者哈弗勒（Harfool）那里听到了倾听织工的重要性，以及他们是如何以耐心和善意教导他们，帮助他们改善生活的。我们还听取了 Swati 的意见，他正在指导织工如何担任自主管理的领导者和创新者的新角色，并参与到产品开发和设计中。同时我们也听到了编

[①] 《斋浦尔地毯：创始人在行动中的心态》，贝恩公司，2016 年 5 月 7 日，视频，https://www.youtube.com/watch?v=jPEY1KRYf3E。

织者自己的声音,他们正在他们新的自主管理的生态系统中获得尊严、自我价值和未来。

这些重复的基本动作:公开倾听、教导、指导和释放正在为印度农村的数千人带来自主管理的尊严——为斋浦尔地毯带来巨大的利益。对我而言,NKC 有很强的自我主张,那就是即使是在"贱民"阶级的人中:"不要告诉我这些人无法管理自己。他们已经学会了如何生存。"

然而,即使他释放了织工的无限潜能,NKC 仍面临着一个新的挑战:如何在他外聘来受过高等教育的专业人士中,培养对他人的深刻谦逊和欣赏。他的人生哲学是通过失去自我找到自己。① 这是一个变得无私、失去对自我的依恋、拥抱简单和爱的过程。他怎样才能让他的职业经理人屈服于一个比他们自己更大的目标?这一挑战是自我管理组织的前沿代表斋浦尔地毯及其卓越的创始人需要面对的。

一个建立在爱之上的全球性企业

卡里·纪伯伦(Kahlil Gibran)说,工作就是可见的爱。

詹姆斯·艾伦在贝恩公司(Bain & Company)的一篇名为"斋浦尔地毯:销售家庭的祝福"的博客中②,讲述了一则关于

---

① 《哲学》,nkchaudhary,2019 年 5 月 2 日访问,http://www.nkchaudhary.com/philosophy/。

② 詹姆斯·艾伦,《斋浦尔地毯:销售家庭的祝福》,贝恩公司,2015 年 4 月 8 日,https://www.bain.com/insights/jaipur-rugs-sell-a-familys-blessing-fm-blog2/。

NKC 大学时代的先见之明的故事。教授问："商业的目的是什么？"同学们一一举手发表意见，答案可想而知：创造股东价值、服务客户、战胜竞争对手等。NKC 举手发言，对全班同学说："生意仅次于爱。它是文明的创造者和保护者。"他的老师对全班说："女士们，先生们，这是一位成功的企业家。"

谈到他与织工的关系，NKC 宣称："我非常爱他们。"

斋浦尔地毯是一家建立在爱之上的全球性企业，一次一个"结"体现了一位有远见的创始人对自主管理未来清晰可见的梦想。

ROWE（完全结果导向制）

乔迪·汤普森（Jody Thompson）和卡利·雷斯勒（Cali Ressler）提出了完全结果导向制（ROWE）的概念，并于 2005 年在电子零售商百思买实践了这一概念，取得了令人瞩目的成果。[根据莫尼克·瓦尔库尔（Monique Valcour）2013 年在《哈佛商业评论》中发表的一篇文章，尽管百思买在三年内因此节省了 220 万美元，但此后放弃了这项努力。①] ROWE 的目的是为员工提供 100% 的工作自主权，同时保持对结果的 100% 问责制。ROWE 已在 40 多家公司获得实施。

ROWE 的概念基础是有据可查的，即人们希望在工作中拥有自主权，同时需要关于绩效的反馈。汤普森和雷斯勒写了一本

---

① 莫尼克·瓦尔库尔，《百思买"只求结果"的终结是个坏消息》，《哈佛商业评论》，2013 年 3 月 8 日，https://hbr.org/2013/03/goodbye-to-flexible-work-at-。

阐述他们方法论的书——《为什么工作很糟糕以及如何解决它：结果导向的革命》。①

横向管理

Mario Kaphan 是 VAGAS 的创始人，这家公司位于巴西圣保罗。作为巴西全国领先的招聘软件公司，VAGAS 拥有 2400 家客户，其中包括巴西最大的 100 家公司中的 65 家。该公司将其系统称为"横向管理"，并创造了一个没有指挥权限的环境。根据管理创新交流网站②，VAGAS 生态系统平均每天接待 300,000 名独立访客。此外，vagas.com.br 跻身巴西最大的 200 个站点（全球 6,000 个）之列。该网站是巴西领先的招聘网站之一，超过 90% 的访问是自然访问，也就是说，访问并非来自付费广告或类似内容的引流。

自主管理

晨星公司由企业家克里斯·鲁弗于 1990 年创立，是美国最早的完全自主管理的组织之一。它现在是世界上最大的番茄加工商。晨星已成为动态、自适应的非正式组织结构的典范。重要的是，无处不在的自组织的原则，是其成功的基础：

---

① 乔迪·汤普森 和卡利·雷斯勒，《为什么工作很糟糕以及如何解决它：结果导向的革命》（纽约：投资组合，2008 年）。

② www.managementexchange.com。

突破边界：自主管理的原则与方法

- 当人们能够掌控自己的生活（和工作）时，他们通常会更快乐。
- 决策权在最接近任何工作的实际地点时最有效。
- 人们往往会因承担更大的责任而蓬勃发展。
- 等级制度催生了对不断增加的管理和控制的需求；官僚主义不会扩大规模，只会弄巧成拙。
- 在世界范围内，无论是政府还是企业，自由往往会带来经济繁荣，而镇压通常会滋生腐败。
- 形成成功自主管理的基础是两个：

—— 不得胁迫任何人做任何事情。

——人们应该信守承诺（每个人都对组织中的其他人负责）。

下图显示了晨星公司的员工如何与公司内的其他同事合作并对其负责，就像在他们的日常生活中一样。

自主管理简单自然；它代表了我们在整个世界中日常管理生活的方式。正在实践自主管理或将真正的自主管理作为其最终模式的公司示例包括晨星、Fresh Fill、Sudwerk Brewing 和 Apollo Education Group（其中一个业务部门）。

有层次的自组织与纯自组织

作为晨星初创团队的一员，我可以告诉你，从头开始创建一个完全自组织的过程具有挑战性，但最终获得了非凡的回报。

Chapter 5　新的工作方式

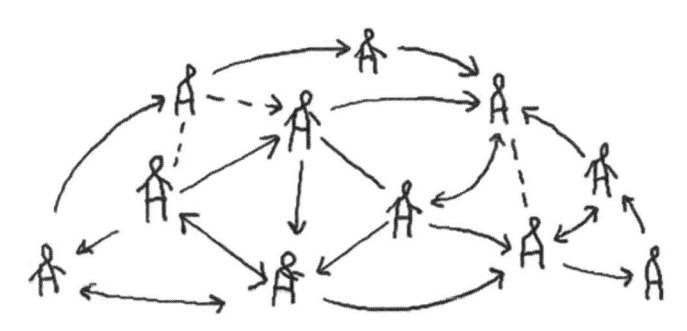

> MORNING STAR: A MARKETPLACE OF MUTUAL ACCOUNTABILITY

戴夫·格雷的"晨星：共同担责的工作场所"由CC BY-ND 2.0 授权。https://creativecommons.org/licenses/by-nd/2.0/。

这要求我们不仅要考虑在工作场所进行更大的创新和问责制对公司的重大底线收益，还要考虑为组织所有成员的工作/生活整合，以及由此产生的对整个社会带来的无限收益。

正如我们在本章的例子中看到的，自组织可以采取多种形式，其中一些实践很普遍：自主导向的工作团队、员工自治或授权、分布式决策，以及通过消除官僚障碍和不必要的管理层级来"扁平化"组织。

需要注意的是，在纯自组织的企业中，"结构"是自发产生的，即没有将组织结构强加给公司成员。（如果处于自组织环境中的同事出于决策或工作的目的而自愿加入一个小型等级制度，那完全没问题——只要这种联系是自愿的，不是强加于人的，并且取决于相关方自愿解散。）在公司工作的人负责编织自己的关系，并以他们的"个人商业目的"（他们面临的挑战为企业实现的目标）为指导，就像他们在日常生活中以日常目的为指导一样。然后，商业目的成为他们真正的"老板"，尽管公平地说，就个人承诺而言，他们整个企业的同事也是他们的老板。

计划、组织、人员配备、指导和控制等管理职能以前可能属于公司管理层的哪些职能？在最纯粹的自组织形式中，所有管理职能也成为组织每个成员的个人责任，因为一群同事聚集在一起以实现特定目标，从而在必要时，开展相应的计划、雇佣、指导和控制。在完全的自组织中，没有指定或分配圈子或小组；团体根据需要聚集在一起，生产，创造，解散，并有机重组。没有复杂的金字塔图或圈图，微单元或网络决定了组织内的组织方式。他们非常自然地组织起来。

因此，纯自组织不是他人赋予员工"授权"。人们自觉与组织的所有成员建立自己的工作关系，规划自己的工作，与他人协调工作，获取所需资源和管理人员配备，不需要任何正式的等级制度，自主管理过程变得可自我延续。自组织超越了授权；自组织本身就是权力。

公司如何决定采用哪种模式？

现实情况是，有很多方法可以磨炼最适合企业的自组织模式，没有哪种方法是对或错的。通常，组织变革的推动者（通常是首席执行官或公司负责人，但有时是高级管理人员中的其他成员）会开始阅读一种新模型，然后转向其他模型，进行比

Chapter 5 新的工作方式

较和对比,或者更深入地研究单一模型,阅读所有相关内容。常有公司请我帮助其领导层了解自主管理的概念和运作方式,因为他或她读过我的一本书或文章,或者听过有关该主题的演讲。这并不一定意味着该公司只考虑我推行的自然、有机动态的自组织形式;事实上,其领导团队可能会与各种组织模式的顾问会面,也可能不会。

例如,美捷步首席执行官谢家华对布赖恩·罗伯逊的合弄制印象深刻。即使公司的文化已经活力十足,谢家华仍然毫无畏惧地在组织内大力推行和实验合弄制的圈层制、治理重组和技术。

另外一些公司负责人经常派他们的领导团队参加大会、会议和研讨会,在那里他们可以会见这些自组织模型的创建者或那些引领组织模式创新运动的人。团队不仅从运动引领者那里获得了大量反馈,更重要的是,还从客户公司和其他目前正在推出新组织结构(或像纯自组织那样非结构性的方案)的公司那里获得实感。

还有一些超级有远见的领导者,他们的个人生活和使命与他们的商业理念完美融合,以至自组织是自然而然的结果。最近我与这样一个人重新建立了联系:来自加利福尼亚州洛斯巴诺斯的 Fresh Fill 的首席执行官布赖恩·罗查(Brian Rocha)。布赖恩和他的搭档布莱特·温迪克尔(Brett Windecker)早在 18 个月前就与我谈过话,当时他们才开始为他们的创新业务启动招聘。从最早关于他们企业的讨论中,他们就知道,简单、整体

突破边界：自主管理的原则与方法

性的自组织管理是他们新的便利店公司的唯一模式。类似于晨星公司，在我们最初谈论自主管理之后，我几个月后再次介入，帮助指导他们完成招聘过程。而这个过程压根儿不需要我的说服或咨询。

其他公司负责人就没那么幸运了。他们领导着更为传统、官僚主义根深蒂固的组织，并且出于一个或多个"不得不"的原因，他们开始意识到他们的公司必须进行组织重组，否则会遭受严重后果。但是无论他们选择哪种模式，这些首席执行官和他们的领导团队通常都很难，因为即使他们认可它的价值，他们也可能觉得这个概念很陌生。这些公司领导者尤其需要时间阅读、讨论、参观和会见各种自组织模式支持者。通过这种方式，他们不仅可以熟悉自组织，而且至关重要的是，他们可以对商业和个人价值观进行深思熟虑和多方面的自我评估。只有这样，他们才能确定他们的企业应该在多个自组织的模式中如何选择，并轻松成功地着陆。

Chapter 6

在自组织的光谱中
确定你所在组织
适应的位置

突破边界：自主管理的原则与方法

长期以来，我们认为世界是基于牛顿主义的原则运作的。我们不知道还存在一种更好的组织方式，反而认为我们需要介入自主管理的向往并试图控制他人。

——弗雷德里克·莱卢
《重塑组织》的作者

上文引用的麦肯锡公司前管理顾问弗雷德里克·莱卢也评论道："下个世纪的主要科学将是对复杂、自催化、自组织、非线性和自适应系统的研究。"换句话说，自主管理/自组织。

在第五章中，我们看到现在越来越多的公司领导者相信自组织形式是通往快乐、鼓舞人心、敬业和创新的员工队伍更好的（也是不可避免的）途径。这些公司创始人和首席执行官可能选择了多种自组织途径，但毫无疑问，他们都将自组织、非

Chapter 6　在自组织的光谱中确定你所在组织适应的位置

线性和自适应系统视为其业务未来成功的核心——也是为所有人创造更美好世界的关键。尽管如此，在这些公司领导者开始在其组织内部进行变革之前，每个人（正式或非正式地）还是认真评估了他们组织和公司文化的现状、他们自己的商业哲学和个人理念，以及他们对公司未来的愿景展读。如果没有这个预评估过程，就无法制定任何形式的自组织进化路线图。此外，如果没有最初的自我评估过程，就无法准确定位你所在的组织位于僵化的官僚主义和全面的自组织之间的哪个位置。

评估公司文化

无论有意与否，所有企业都有文化。文化是关于如何做事的模式和底层假设的体现。它是默认的；它在引导行动和行为的同时，也在意识层面之下流动。[1] 而且它是强大的，就像一股潮流，引导一切朝着一个方向前进。

因为大多数传统的公司文化都植根于传统的管理体系，这些公司的员工会根据传统的期望来调整他们的期望、行为和活动。他们的指导思想是"我的老板怎么想"，以及"我将如何取悦或打动我的老板并在组织中获得成功"。这些价值观创造了一种文化：我们大多数人都熟悉的指令和控制文化，因为它已经普遍存在了几十年。

自组织拥有与传统组织截然不同的文化。自组织的文化由

---

[1] 埃德加·沙因，《企业文化生存指南》（旧金山：Jossey-Bass Publishing, 2009年）。

其所有成员围绕"企业的使命是什么，我如何将我的使命与它保持一致"的问题驱动组织，以及"我如何通过围绕追求使命的行为来定义我在组织中的意义和目的"。

那些在组织中工作的人的文化就变成了"我如何为周围的每个人提供价值"。这是因为自组织中的任何人——而不仅仅是一个"老板"——可以影响另一个人实现他对公司使命的目标的能力。在自组织的文化中，企业的整体使命自然成为引导文化的北极星。所有利益相关者知道他们不仅为公司的客户提供价值，同时必须为企业中周围的每个人提供价值。

然而，在命令和控制文化中，多年来管理很可能是层层叠加的。公司文化中到处都是那些关心如何给老板留下深刻印象、取得上位或在组织内留下自己印记的人。企业的使命最初可能专注于为客户创造价值，但该使命已被命令和控制文化本身所掩盖。公司领导可能想知道：要再次看到我们的北极星并受到它的指导，需要多少清理工作？

整体评估：平衡所有利益相关者的福祉

为了使组织评估有效，必须考虑整体观点。当前的企业是否拥抱所有利益相关者的福祉，而不仅仅是客户？未来组织的愿景是否包含有关利益相关者的整体观点？

利益相关者是受企业影响的任何个人或任何实体。这意味着：供应商、客户、监管机构、整个社区、环境、员工、邻居——每一个可以想象的参与者都可以是利益相关者。在一家

Chapter 6　在自组织的光谱中确定你所在组织适应的位置

成功的企业中，每个利益相关者都同等重要。不确定你是否接受这个观点？这样看：在更传统的企业中，重点通常是一两个利益相关者。口头禅是"客户为王！"或者"员工是我们最大的资产！"然而，一种包容和平衡所有利益相关者福祉的整体态度不仅仅是尊重自然界的阴阳平衡。在自然界中，一切最终都是互补、相互关联并相互依存的。自组织还认识到，利益相关者的平衡代表了一种强大的工具，相比传统业务方法，具有真正的竞争优势。

例如，晨星将所有利益相关者的有效平衡视为一种"动态冒险"，有助于整个组织保持利润增长。事实上，这种平衡利益相关者的冒险对晨星文化和企业的成功至关重要，因此被用作博弈工具。在博弈模式下，晨星的同事经常观察、诊断、评估，甚至模仿或创造利益相关者行为和指标的场景，寻找主动满足需求或关注可能出现的问题的方法。没有人能确切地知道生活或商业中接下来会发生什么，但将未知视为值得投入的冒险会给商业带来全新的变化。

对于晨星而言，平衡利益相关者的需求可以提供无与伦比的竞争优势，同时为利益相关者提供真正的价值。从本质上讲，它使公司成为真正的无限制企业，通过多种渠道获得利润。利润只是你为世界创造的价值与你为世界创造产品或服务所消耗的价值之间的差额。这就像你从一个挤满了观众的剧院中获得的掌声，当你给予他们更多的喜悦时，他们就不会对自己的剁手感到任何不适。

突破边界：自主管理的原则与方法

然而，对于传统企业的经理甚至高层领导者来说，转向自组织的整体利益相关者方法可能会引起焦虑，因为它与命令和控制背道而驰。随着这些人职位的不断提升，他们在此过程中也获得了好处和权力。对他们来说，平衡利益相关者需求的做法甚至可能令人恐慌。

不久前，当我给几十位公司正在摆脱传统组织结构的高管讲授自主管理课程时，一位高管突然站了起来，脱口而出："我会怎么样？"其他人让他坐下，并向他保证他会没事的。他们补充说，他会作出许多相同的决定，只是不会命令下属服从。然后我指出，平衡所有利益相关者的需求不仅可以打造无限制的企业，还可以实现无限可拓展的职业生涯，因为一家不断增长的公司，其员工队伍也会随之壮大。我还解释说，自主管理实际上解放了管理者和领导者，因为他们最终可以挑战同事，让他们自己先解决这些问题，而不是不断地承担责任去解决别人的问题。自主管理的领导者不必在所有情况下都成为专家，许多人感到解放了！（终于！）——他们可以重新关注他们自己的技能组合，而不是人事管理——这一块内容他们最初可能根本没有签约。

事实是，每个人都有自己的小我私利。挑战在于如何将小我私利融入到为整个世界创造的价值中。因为当你为世界创造价值时，它会反过来使你受益。为他人创造价值实际上是为自身利益服务的。这就是自由的动力。

然而，如何处理企业权力的丧失呢？科学家们现在知道人脑在生理上受到权力的影响。碰巧，权力可以像毒品一样使身体上瘾，也可能难以放弃。但是，用无限的推动进步的力量取代传统的企业权力贩卖模式，可以大大简化向平衡所有利益相关者需求的新组织模式的过渡。这里有一个悖论：限制个人的权力会释放组织的集体力量，以实现企业走向卓越。

评估个人和商业价值

当商业领袖坐下来审视他或她的个人信念以及这些个人信念如何与商业价值相融时，有趣的事情就会发生。在这个过程的早期，大多数领导者开始承认一定程度上对他人的关心可以发挥正向作用，无论业务目标多么具有竞争力或利润驱动。这是因为，正如我们在第二章"官僚体制：15个不可避免的挑战"中所指出的，所有企业本质上都是为了满足人类八种基本需求中的任何一种，这里根据马斯洛的需求层次理论进行更科学的详细说明[①]：

1. 生理（食物、温暖、住所、性、水）
2. 安全（所有与不公正得到控制的有序世界有关的事物）
3. 爱与归属感（友谊、亲密、支持性的家庭）
4. 自尊（参与、认可、贡献、接受）
5. 认知需求（学习、探索、了解我们周围的世界）

[①] 亚伯拉罕·马斯洛，《人类动机理论》，《心理学评论》，1943（50）：370-396。

6. 审美（美、自然、艺术）

7. 自我实现（发挥自己的能力，努力做到最好）

8. 自我超越（灵性与正直）

即使你从来没有这样看待它，但是你的业务就是以一种让人们满意的方式满足一个或多个人类需求，以便他们愿意为你的产品或服务付费，从而允许你赚取利润。从经验上讲，如果你不关心人，你就不能这样做。（你当然可以尝试，但最终你的努力会因为客户转向别处而受到影响。）工作真的就是"可见的爱"。

所有这一切都意味着，作为组织的领导者，你的个人信念确实与你的业务目标有交集，更重要的是，它们应该有交集。因此，自我评估是你检查个人价值观和理念并将其与企业价值观和理念保持一致的机会。例如，你认为让人们自由发言，更有生产力吗？更具创新？更有助于推动变革？你是否相信人们像在日常生活中那样有机组织和协作时工作状态最好？你认为快乐工作的人工作效率更高吗？你相信人类有自由意志吗？

塞氏企业：激进的良知企业

在巴西，塞氏企业的首席执行官里卡多·塞姆勒认为，为公司工作的人与人力资源人员一样有能力为他们的工作确定公平的工资；毕竟，他们可以访问同样的行业和公司数据。他还认为，塞氏的员工完全能够确定每天需要多少小时才能完成工作。有时，这相当于在另一家公司加班。有时，这意味着为了奖励就可以如此高效地生产，他们的回报是在正常工作时间内自由离开公司。塞姆勒一直相信，他的员工最有能力确定完成工作所需的条件，媒体称他们为极致的自组织，他们在这样的环境中更快乐、更高效。应用于重组原本官僚的家族企业，塞姆勒的个人价值体系对于重组老的传统官僚体系的家族企业起到很大作用的同时，也使企业增长呈指数级，并对该地区——包括贫困学校的贡献很大，更为其赢得了赞誉。

Fresh Fill：更好的世界，更好的业务

对于全新的 Fresh Fill ①合资企业（于 2018 年 1 月在加利福尼亚州洛斯巴诺斯启动），合伙人布赖恩·罗查和布莱特·温迪克尔从一开始就知道，他们将用他们个人的"让世界变得更美好"的理念为便利店企业注入活力。没有拥挤着牛肉干、不新鲜的甜甜圈、薯条和含糖汽水的过道；没有夹心面包、廉价咖啡和肮脏的卫生间。是的，Fresh Fill 的顾客就是那些厌倦了几十年来典型的美国便利店的那种过道的顾客。今天，他们来到了一个美丽的太阳能绿洲，那里有电动汽车充电站和闪闪发光的干净卫生间。在里面，宽敞明亮的白色过道陈列着健康的水果和蔬菜小吃，用天然原料制成的新鲜热食，天然果汁吧，一台高端的、注入硝基的优质咖啡机，还有一个精酿啤酒洞穴，

---

① www.freshfillstores.com。

另外配备自助服务终端订购、仅限移动应用的免下车窗口，等等。这里的一切都由勤奋的工人精心管理，他们保持环境的清洁和库存的充足。

Fresh Fill 是如何做到的？秘诀在于该公司吸引了最优秀的员工，因为它为员工支付的薪酬高于竞争对手。由于没有管理人员，Fresh Fill 可以支付更多费用，节约了与管理层、人力资源和所有其他层级相关的昂贵的"管理税"。在 Fresh Fill，每名员工都是经理。在自组织的世界中，Fresh Fill 位于光谱右侧，与它们位于洛斯巴诺斯的邻居晨星并列。

员工的个人使命发展是 Fresh Fill 的优先事项，正如以各种可能的方式回馈洛斯巴诺斯社区一样。（这家商店的盛大开业旨在将收益直接回馈给社区。）Fresh Fill 的创始人罗查是一位年轻并不断进步的环球旅行家，他决心将自己在旅行中和从事第三世界志愿者时获得的启迪带回美国。罗查在餐厅业务中具有前瞻性的创业经验以及他在组织动态方面的专业知识，与他的个人价值体系完美契合。

很明显，让世界变得更美好是 Fresh Fill 两位创始人在自我评估过程中作出的每一个决定的依据。（你可以在 BrianRocha.com 上看到布赖恩·罗查清晰传达的个人价值体系。）例如，两人认真思考了很长时间，画出了 Fresh Fill 将雇佣的人的画像：有激情、有远见、"敏锐"，以及努力工作、良好沟通、拥有让世界变得更美好的意愿，教育水平被排在最后面。这种个人承诺现在为 Fresh Fill 客户带来了非凡的价值，为 Fresh Fill 员工带

Chapter 6 在自组织的光谱中确定你所在组织适应的位置

来了真正的工作意义和责任，为社区带来了更大的利益和机会，以及——不少副产品——为 Fresh Fill 带来了卓越的竞争优势。

转变为自组织

我在南方有一家很大的生产制造型客户，传统等级制度曾经根深蒂固，但现在变革的时机已经成熟。随着最近新任命了一位富有远见的首席执行官，这家大企业致力于从官僚主义转变为自组织。这种激进变革的决定是如何作出的？共识同时发生在两个方面：由内而外和由外而内。这位新任首席执行官知道公司需要组织变革才能在 21 世纪取得进步，而他会领导一个已经在他的管辖范围内的领导团队。当公司新的负责人第一次走进他的办公室时，自组织的试点实施计划已经在进行中。

事实上，在考虑转向自组织时，公司在其最早的评估过程中通常会采取许多步骤。有些是无形的，就像首席执行官在考虑各种可能性时"在头脑中"进行的单向对话一样。另外一些是有形的，比如以公开对话为目的的领导团队会议日程表，甚至是对整个企业随机选择的员工进行匿名电子调查。有时，简单地回顾一下在组织向自主管理转变的第一阶段最初要进行的刻意练习或问题的清单，就足以启动一场严肃的自我评估。经常问到的问题如下：

- 我们是否能够解构我们每个人的工作，并在我们的新组织内重建我们的使命？

突破边界：自主管理的原则与方法

- 我们是否能够（个人和团体）创建符合我们公司使命的使命宣言？
- 我们能否确定"管理"的哪些部分由我们每个人自己负责？
- 每个人的决策权范围是什么？
- 我们将如何衡量新的自组织企业的绩效？

正是这些问题有时会暴露出我们是否认真对待这次转型。我曾经辅导的一个领导团队决定转向自组织，但是当他们讨论到决策权阶段时，关于放弃传统管理权力的对话让他们之前取得的进展停滞下来。他们最终被迫放弃组织变革，因为没有人愿意放弃自己的决策权。

每家公司的首席执行官和领导团队都以对他们最适合的方式来处理评估过程。例如，我之前提到的那家南方企业的核心团队为自己的评估过程选择了以下步骤：

1. 实地参观考察自组织企业。
2. 与相关主题专家进行深度的对话。
3. 内部领导对风险和收益进行评估。
4. 确定自组织实验和试点项目的地点和时间。

在他们的新领导到达总部之前，团队就会告诉你，他们完成的工作都是至关重要的。所有最初的关键条件都已就位：一位积极推动变革（尽管是在后台）的首席执行官，一个完全支持组织变革计划的领导团队，以及一份为规划奠定基础的详细

Chapter 6 在自组织的光谱中确定你所在组织适应的位置

议程。

另一个客户的情况就非常不同,该客户是位于太平洋西北部的工业设备分销商。尽管他们有精心的控制和严格的权力结构,这家企业的首席执行官却仍然像是置身于传送带上,眼睁睁地看着经理们作出错误的决定。他对局势的初步评估涉及许多灵魂拷问。他的第一个个人自我评估问题:他是否想继续在这家公司工作?他意识到,无论哪种方式,他都需要找到一种方法来修复组织,那么为什么不创建一个真正的 21 世纪工作场所呢?

在这种情况下,我们提供了一个体验式大师班,让领导团队真正了解作为自主管理者的感觉。这样的启蒙不能太早;它可以为即将到来的许多决策提供信息,特别是关于公司准备在多大程度上进行自主管理。

沉浸在自组织的理论和实践中的大师班还可以为组织的关键自主管理原则、哲学和基础设施奠定基础。练习通常包括组建虚拟公司,然后引导人们完成协议的谈判过程,这些协议记录了对同行的持续的反复承诺以及每个人决策权的精确范围。这些练习通常会解决以前可能没有浮出水面的哲学和实践问题或疑虑。此类问题可以实时解决,也可能影响自我评估过程。

例如,在最近的大师班上,一名领导团队成员在没有真正的老板监督的情况下表达了对工厂安全的担忧。员工会不会不按操作工序走捷径,从而可能对自己或他人造成伤害?我借这个机会指出,自组织中人人担责,不应该存在固有的安全风险。

突破边界：自主管理的原则与方法

人们将继续选择让他们安全的做法（此处又出现自由意志!）。想一想：谁更有可能发现工作场所的安全问题？谁有明确的义务就任何发生在其工作范围的问题发表意见？是每天在一个工作区域中游荡多次的"正式"经理，还是整天与同事并肩工作的人们？

我还遇到一位内心十分纠结的西北地区公司首席执行官(以及他有些谨慎的核心领导团队成员)，他们在评估过程中体验了一个大师班。真实的自组织的体验之后，他们才能决定什么将是最适合他们的组织形式。他们最后说："好吧，现在我们知道，只要我们能将自组织塑造成我们自己的文化，自组织就会对我们有用。我们不必采用特定的模型。我们可以在自组织标尺的 3/4 或 7/8 的方位着陆，在某些情况下只保留一小部分控制权，并让自组织成为我们自己的一部分。"

并非每个公司领导者都采用 Fresh Fill 创始人罗查和温迪克尔所拥护的那种激进的理念，全力推进自主管理。一些公司选择仅在某些业务部门或试点项目中进行自主管理实验。另一些公司则选择全公司范围的计划，但是以逐步推进的形式。这些都不是半吊子措施；对于大多数公司领导来说，这才是明智的做法。话虽如此，通过彻底的自我评估过程，所有公司领导者都可以检查他们可以带到自主管理的商业价值和个人信念，以选择一个着陆的位置，至少在最初，该公司应当从发起一项倡议开始。

如何分配决策权将在该决定中发挥重要作用。决策权是通

Chapter 6　在自组织的光谱中确定你所在组织适应的位置

过协商作出给定决策的权力，因为组织要处理数以千计的决策。谁作出哪些决定，为什么？哪些决定需要协商，哪些可以单方面作出？一般来说，最有能力作出特定决定的人通常拥有作出该决定的权力（并且应该）。如果没有充分的理由，管理者不应该保留本可以很轻易地转移到更接近行动的人的决策权。这就是所谓的"放弃权力"——组织自主管理的一个关键成功因素。

当管理者保留某些不必要的决策权时，成本高昂且浪费巨大——"管理税"的练习（见专栏，第2章）可以真正帮助领导者确定公司落地自组织的程度。决策过程中不必要的自下而上层层审批构成了巨大的间接管理成本和巨大的管理税。稍不加注意，在决策权上做些文章［比如（基于传统做法、风险或其他因素）限制决策权的范围或决策方式］的改变，就可以微妙地改变一个组织在自组织光谱中的位置。然而，在一个完全自主管理的环境中，同事们可以自由协商业务责任的分配，包括决策权。

根据商业哲学家彼得·科斯滕鲍姆的说法，领导者的核心职责之一是管理极性。需要管理的一个关键极性是大规模增长和渐进式增长之间的平衡。行动太快有风险，渐进主义也有风险。避免造成混乱至关重要。用一个完全不同的系统替换现有系统并不一定是明智的。但是，如果想要取得进展，重要的是进行比微小的渐进式步骤更明显的实验和试点项目。一方面，这会带来混乱的风险；另一方面，会带来不被重视的风险。走得太慢和走得太快有同样的风险。在这些事情上，智慧、经验和咨询都是领导者要获得支持的。

突破边界：自主管理的原则与方法

评估未来工作场所的需求

在对组织变革进行自我评估之前，请仔细考虑未来的工作场所对其领导者和自组织员工队伍的要求。毕竟，随着公司层级扁平化和"未来工作"分类法的扩展，很明显，组织有效性将一如既往地取决于个人的选择，无论选择的治理系统是合弄制、远程治理、全民共治、ROWE（完全结果导向制）、敏捷管理、横向管理、自主管理、维基管理、激进管理、网格管理，或任何其他途径。

未来工作场所的 16 项不那么明显（但必不可少）的能力

1. 主动性
2. 对不清晰的容忍度
3. 觉察力
4. 贡献心态
5. 低权力敏感度
6. 自然领导力
7. 链接力
8. 非认知技能
9. 人际网络培养
10. 持续学习
11. 利用弱关系的能力
12. 掌控力
13. 极性管理

Chapter 6　在自组织的光谱中确定你所在组织适应的位置

14. 谦逊
15. 好奇心
16. 情绪自控

未来的工作场所将需要许多个人能力（例如，有效的沟通），但还有其他关键的、通常不太明显的能力会影响一个人在高度自主的环境中巡航和表现的能力。在评估你自己的工作环境之前，请考虑如下 16 个方面：

1. 主动性。如果不能主动提出变革议题，就几乎无法进行团队间的建设性的反馈，或在流程或战略中产生积极的变化。采取主动包括在必要时说出来的能力。自主管理型领导者有明确的义务在需要时直言不讳——例如，在观察与企业使命、愿景或价值观不一致的情况时。做一个好的倾听者是不够的；主动性也代表要主动采取行动。亚历山大·汉密尔顿（Alexander Hamilton）写道，"行政部门的活力"是良好政府的必要条件；同样的逻辑也适用于组织中高度自治的个人。

2. 对不清晰的容忍度。在一个官僚组织中，让人们告诉你该做什么是有一定安全性的，即使它压制了主动性，有时也会压垮你的灵魂。对于某些人来说，将歧义保持在最低限度可能会带来一定程度的舒适感。然而，在自主管理中，每个角落都存在歧义，因为没有人在指导其他人。可以说，每个工人都有一系列的管理职责，尽管在如何执行流程方面有明确的指导方针,但改进流程的自由和自主权比比皆是。这可能令人振奋,但也可能造成歧义。在不明确的情况下"摸索"是每天的任务。个人必须感知工作环境中的刺激并作出反应。因此,自组织企业的员工不仅需要容忍模糊,即使最适应的人也接受模糊并将其视为挑战。随着同事结识新朋友并学习新的工作方式,组织自治可能会变得混乱。清楚地传达一个人的目的、价值观和关键任务的同事协议需要花费时间和精力。在寻求他人的承诺以及确定请求的时间和范围时,个人必须作出明智的选择(响应者可能不会给构思不佳的要求第二次表达的机会)。同样,个人在同意承诺请求时必须谨慎。自治的自主管理者需要具备拒绝请求的权利,而不必担心压力。说不应该没问题!事实是,自主工作从来都不会像对着老板抱怨,或把活儿外包那么容易。

3. 觉察力。我们每天都需要付出真正的努力来激发在工作中始终如一地追求使命所需的能量。这种能量类似于企业家利用转瞬即逝的想法创建全新企业的活力。觉察产生了觉知和临在。正是觉察力让一个人有能力有信心完成事情——即使是在逆境中。这意味着韧性和专注力、活在当下以及清晰有效地执行。在最好的情况下,觉察力是各种表演者和领导者所描述的"心流区域"——一种近乎完美的专注意识状态。

4. 贡献心态。慷慨的精神和奉献的愿望是最适合自组

Chapter 6　在自组织的光谱中确定你所在组织适应的位置

织企业的个性特征的。综合起来，它们通常被称为"贡献心态"。具有这种心态的人会意识到需求并寻找机会。他们真诚地想让世界变得更美好。具有这些品质的人希望为他们的同事贡献价值，提供"我可以帮助你"或"我可以给你一些好的资源"。彼得·德鲁克在他出色的作品《卓有成效的管理者：完成正确事情的权威指南》中谈到了贡献心态①。半个世纪后，这种心态适用于所有想要成为高效自我的人——高度自治企业的经理。例如，戈尔和晨星原则上希望每个人与同事分享相关信息，即使没有人硬性要求这么做。

5. 低权力敏感度。与权力保持距离是指顺从被认为比自己拥有更多权力的个人的行为。在自主管理的环境中，存在一个源自经验、信任、沟通和其他因素而形成的非官方的可信度等级。这与基于指挥权的权力等级不同。有效的自主管理者会想方设法向组织中的任何人表达自己的意见，并会倾听希望与他们交谈的任何人的意见。想当然地避免与其他同事交流就是切断组织的命脉：信息流动。

6. 自然领导力。在高度自主的环境中，人际关系以及许多活动完全是自愿的。在完全自主管理的公司中，没有人有权指导他人的活动。领导力是通过沟通、尊重、影响、说服和信任来实现的。自然领导力是随着时间的推移而获

---

① 彼得·德鲁克（Peter Drucker），《卓有成效的管理者：完成正确事情的权威指南》（纽约：哈珀柯林斯出版社，1967年）。

得的，而不是职位或头衔的产物。那么，真正、自然的领导力的证据是什么？追随者的存在。

7. 链接力。有效的沟通将始终在线/始终准备着。自治领导者和追随者将尽可能接收并响应沟通的一切请求（当然，可以协商方便的时间）。始终在线/始终准备好的沟通是强大的自组织网络运行的领先指标。*Bioteams* 的作者肯·汤普森将这种能力描述为推动集体所有权意识以及有效的 24/7 团队的早期"预警系统"。①

8. 非认知技能。未来的组织领导者可以从儿童身上学到重要的一课。在其著作《孩子如何成功：勇气、好奇心和性格的隐藏力量》(*How Children Succeed: Grit, Curiosity and the Hidden Power of Character*) 中②，作者保罗·托夫（Paul Tough）强有力地描述了非认知技能的绝对力量。在描述对孩子的发展最重要的事情时，他提到了与性格相关的非认知技能的重要性，其中包括坚毅和好奇心。因为人们总会有不好过的时候，所以韧性很重要。心理学家安吉拉·达克沃斯（Angela Duckworth）在她的著作《坚毅：释放激情与坚持的力量》(*Grit: The Power of Passion and Perseverance*)③ 中将坚毅确定为成功最重要的一个特征，甚至比

---

① 肯·汤普森，*Bioteams*（坦帕：Meghan Kiffer 出版社，2008 年）。
② 保罗·托夫，《孩子如何成功：勇气、好奇心和性格的隐藏力量》（波士顿：霍顿·米夫林·哈考特，2012 年）。
③ 安吉拉·达克沃斯，《坚毅：释放激情和坚持的力量》（纽约：Scribner，2016 年）。

智力更重要。坚毅在自主管理的企业中是必不可少的,因为它让团队充满好奇心并乐此不疲地不断尝试,直到找出做事的最佳方式。

9. 人际网络培养。用《设计网络化组织》(Designing the Networked organization) 一书的作者肯·埃弗雷特 (Ken Everett) 的话说①,未来的组织自然会是一个网中网。每个自主的领导者都将培育一个主要的沉浸式网络并与之互动,该网络嵌套在或连接到更大的网中网。资源和信息将根据需求自由流动。自主领导者将在整个网中网里敏捷和流动地运作,因为——简而言之——他们没有其他方法来完成工作。自组织的核心是一个巨大的网络。整个企业的人员必须培养为网络提供支持的关系,这样他们才能让整个系统保持温度和活力。他们依靠网络来完成工作,因此他们明白培育好这个网络的重要性——一个能够永续的良性循环。

10. 持续学习。彼得·圣吉在他的著作《第五项修炼》中开创了高度自治的领导者培养学习型组织实践以获得战略利益的概念。② 在 21 世纪的工作场所中,每个人都应该能够自由地发展核心竞争力:战略、金融知识、流程管理、领导力、团队合作、沟通、招聘、谈判或任何其他管理学

---

① 肯·埃弗雷特 (Ken Everett),《设计网络化组织》(纽约:商业专家出版社,2011 年)。

② 彼得·圣吉,《第五项修炼》(纽约:Doubleday, 1990 年)。

11. 利用弱关系的能力。在未来的企业中，并不是每个人都会有幸在一个只有150名或更少同事的邓巴限制的①工作场所工作。即使在那些工作场所，也不是每个人都会成为朋友。事实上，许多关系可能是暂时的。但未来的领导者需要充分了解与他们共事的人，才能成功地传播清晰、完整、无须精加工的信息，这样才能让所有动作保持正轨，而不会由于压力或胁迫而变形。

12. 掌控力。心理学家经常提到个人的内外控倾向。具有内控倾向的人会倾向于对自己的情况承担个人责任。具有外控倾向的人会认为他或她的生活主要受到外部力量的冲击而变化，并将大大小小的失败归咎于命运（或其他人）。过多的指责行为会严重地阻碍业绩表现。有效的自主管理者会有一个内控倾向——他们会自我检查如何改进，他们会追究自己的责任。

13. 极性管理。个体自主管理者要能够发现和管理工作场所中的张力和困境：细节与大局、战术与战略、创新与执行、主观与客观、自由与责任、思考与感觉等。有效平衡极性与灵巧性对于长期成功至关重要。

14. 谦逊。"自我"太大会阻碍有效的自主管理（回顾权力对大脑的影响）。健康的"自我"对于自信的互动至关

---

① 20世纪90年代，英国人类学家罗宾·邓巴（Robin Dunbar）提出的假设：人类一次只能轻松地维持150种稳定的关系。

重要，拥有健康"自我"的人可以很谦逊。谦逊就是为了更大的利益而管理自己的自我的能力。它直接关系到这个人是以"我们"为中心还是以"我"为中心。在蓬勃发展的自组织里，人们能够进行有效的"自我"控制，不会让自负肆虐。谦逊可以帮到这一点。

15. 好奇心。这是持续改进的基本要素。每个组织都需要怀疑论者——总是问"为什么"的人。

16. 情绪自控。纽约奢侈品研究所的 Milton Pedraza 表示，这种由深切的同理心、信赖和慷慨组成的能力将使人们能够在 21 世纪的工作场所中茁壮成长。①

如果组织中的人具备了这份必备清单上所列的能力，那么在超互联世界中，有远见的未来领导者的工作就是将有效、自主的自主管理的基础嵌入每个人员流程中：雇佣、选拔、招聘、入职培训、课程设计、辅导、绩效管理、继任计划、职业过渡、冲突管理、领导力发展、薪酬等。后面还有很多工作要做，但首先要对当前工作场所进行清醒的自我评估。

---

① Milton Pedraza,"The Future of Work Manifesto：Self-Management and E-motional Self-Mastery Are The Most Powerful Skills for Business Success in the Next Decade" LinkedIn, June 14, 2018, www.linkedin.com/pulse/future-work-manifesto-self-management- emotional-most-powerful-milton/.

突破边界：自主管理的原则与方法

无限制的自我评估测验

无限制的自我评估测验

你的文化对尝试自组织有多开放？

评分量表：

1. 强烈反对
2. 大多不同意
3. 有点不同意
4. 有点同意
5. 基本同意
6. 强烈同意

根据上面的等级对以下各项陈述进行评分，一个为"非常不同意"，六个为"非常同意"。对自己尽可能诚实。为确保结果公正，你还可以考虑要求你的领导团队成员或随机抽样的小组领导进行匿名评估。完成所有回答后，计算你的分数（或取每个问题的所有小组成员分数的平均值）。要解释结果，请参阅本章最后一页的关键点。

1. 倡议

1. 本组织奖励那些主动出击的人。
2. 人们在这里可以自由地创新和改进。
3. 主动的人不会觉得自己在当"出头鸟"。
4. 这种环境鼓励人们改进流程和系统。

Chapter 6　在自组织的光谱中确定你所在组织适应的位置

5. 只要人们从错误中吸取教训,失败是可以接受的。

2. 努力/坚持

1. 在逆境中继续前进的能力在这里受到尊重。
2. 这里的人不会轻易放弃。
3. 当人们看到一个项目或想法完成时,他们会在这里感觉良好。
4. 在这里,持续努力比长时间工作更有价值。
5. 尽管障碍重重,但一直在进步是该组织的成功因素之一。

3. 有效性

1. 这里的人追求各自的使命,无论是单独工作还是与他人合作。
2. 这里的人有效地整合可支配时间以提高生产力。
3. 人们通过专注于自己擅长的事情来最好地利用他们的时间。
4. 这里的人很好地选择了自己的优先事项,使自己与组织使命保持一致。
5. 这里的人普遍热情。

4. 持续学习

1. 这里的人关心组织的未来。
2. 这里的人喜欢刷新和更新他们的知识、技能和能力。
3. 这里的人主动寻求和分享信息。
4. 这里的人喜欢教导和指导他们的同事。

5. 这里的人在他的专业领域是最与时俱进的。

5. 创造力/创新

1. 这里的大部分工作可以让人们发挥创造力。

2. 这里的人被鼓励去寻找更好的做事方式。

3. 这里的人不会被迫"按照他们一贯的方式做事"。

4. 本组织提供资源以适当地追求创新。

5. 这里的人应该尝试新的方法。

6. 协作

1. 这里的人在采取影响他人的行动之前相互核对。

2. 这里人与人之间可以轻松自然地交流工作问题。

3. 这里的人都很合作，互相帮助。

4. 同事之间定期共享信息，无论是否被要求。

5. 这里的人很少对新的业务战略、人员或流程感到惊讶。

7. 问责制

1. 这里的人互相对组织的标准负责。

2. 人们很少会违背同事的期望而置身事外。

3. 被追究责任时，人们不会变得防御或报复。

4. 期望和标准相当清晰和明确。

5. 每个人都被期望且愿意对他或她的同事承担责任。

8. 自组织

1. 领导层经常在某个问题上拥有最多专业知识的人中间

Chapter 6 在自组织的光谱中确定你所在组织适应的位置

轮换。
2. 人们经常自行组成临时小组来解决问题、改进流程或执行战略。
3. 这里的工作组通常没有指定的领导者。
4. 工作组似乎常常是为了响应需要而自发形成的。
5. 这里的工作组根据需要流畅地、动态地形成和解散。

9. 适应性
1. 这里的人很容易适应方向的变化。
2. 这里的人不会投资于过时的流程、关系或战略。
3. 这里的人通常既不固执,也不死板。
4. 这里的人喜欢复杂的挑战。
5. 这里的人对相关的新信息作出适当的反应。

10. 自由
1. 这里的人可以自由协商改变他们的工作条款和条件。
2. 这里的人可以自由获取工作所需的资源。
3. 这里的个人决策权限范围是合理的,适合每个人。
4. 这里的人觉得他们可以控制自己的工作。
5. 这里的人觉得他们在选择与谁合作时可以有自己的输入。

11. 影响
1. 这里的关系的特点是人们寻求理解对方的观点。
2. 这里的大多数人都能清楚地表达自己的观点。
3. 人们通常会花时间以尊重的方式解释他们的要求。

4. 一般来说，这里的人对同事的看法是长远的，而不是短期的权宜之计。

5. 工作环境的特点是得体和礼貌。

12. 领导力

1. 这里的员工努力帮助他们的同事进步。

2. 这里的人花时间和精力去赢得别人的尊重。

3. 这里的人为他人树立了良好的榜样。

4. 这里的人寻求识别、交流和实施最佳实践。

5. 这里的人有效地传达他们对新的或改进的流程或项目的愿景。

13. 反馈

1. 这里的人知道他们的绩效表现如何。

2. 这里的人知道哪些衡量标准和指标与他们的使命有关。

3. 这里的人愿意互相讨论个人和团队的绩效问题。

4. 这里的人反复尝试基于客观衡量来促进自己提高绩效。

5. 有关绩效的信息随时可用且准确。

14. 意识

1. 人们为了把事情做好，往往会忽略"部门"等人为界限。

2. 人们知道其他同事的活动可能与他们重叠或影响他们。

3. 新员工往往能快速上手。

4. 这个组织中的人通常不会重复他们的努力。

5. 该组织在获取和共享相关过程知识方面做得很好。

15. 教练和指导

1. 这个组织的人愿意指导新员工，帮助他们快速适应。
2. 通过适当的教练或指导，可以有效地解决许多观念上的差异和冲突。
3. 这里的人对工作场合的不同目的的教练和指导非常接受。
4. 教练和指导帮助这里的人发挥自己的优势并在工作中找到意义。
5. 这里的人觉得他们可以向他人寻求更高的见解和指导。

结果的关键点：

75~300：停下来先仔细分析。在开始任何事情之前，了解组织的哪些部门或部分可以进行自主管理试点项目或实验，哪些部分不适合，以及为什么。始终邀请并让人们参与设计和实施计划。

300~375：谨慎行事。你的文化并不完美，但它足够健康，可以深思熟虑地招募合适的同事来确定组织自主管理的试点项目和实验。邀请他们来确定第一步往哪儿走，然后让他们参与实施和衡量结果。

375~450：全速前进。只要领导者让人们参与创造、实施和衡量结果，你的健康文化足以支持高度可见的自主管理变革举措。

Chapter 7

创建你自己的
自组织管理哲学和原则

突破边界：自主管理的原则与方法

> 如果你想在商业上取得成功，别去上 MBA 商学院。学习哲学吧！
>
> ——马修·斯特伍德
> Mitchell Madison 集团（美国九大顶尖咨询公司之一）前管理顾问

我们曾经谈到一个自我成长的组织的力量，在这个组织中，每个人都是人际担责网络的一部分：人人对人人负责，人人对企业负责。但是，形成这个网络的基础是公司的信条：用于巩固人际网络的原则和哲学（核心价值观，如共同担责）。

维持一个强劲的人际网络

我喜欢把自主管理的网络想象成蜘蛛网。它可能看起来很脆弱，却是自然界最坚固、最持久的奇迹之一。由于蜘蛛丝的抗拉强度，这些丝网具有极强的弹性和持久性。同样，在自主管理方面，是组织的原则和理念（坚实的"丝线"）加强了人们的工作连接（或"网络"），由此创造一家可持续发展的企业，获得越来越高的绩效表现。换句话说，这样的企业，可以获得的成功是无极限的。更重要的是，随着网络变得越来越紧密（越来越多的同事之间更加开放、透明地互动），网络之间的距离变得越来越窄，网络也变得越来越密集。这意味着整个组织中容不下腐败、剥削，以及其他常见的企业疑难杂症。

在一个自主管理的环境中，可能有数百只眼睛——而不是几个被指定的管理者——来捕捉潜在的危险信号。重要的是，日常经营的方方面面都有章可循：最常见的莫过于公司普遍适用的经营原则，用章程一样的方式进行声明。这样，公司里的所有人对于作为组织核心价值观基础的原则和哲学心知肚明，如果不清楚的话也鼓励举手澄清。

最佳实践和共性

让我们来看看各种自组织的核心价值观，看看哪些原则和哲学对它们最重要，以及这些自组织在处事原则和价值观之间的共性在哪里。

突破边界：自主管理的原则与方法

戈尔

在《财富》杂志评选的"100 家最适合工作的公司"中，戈尔公司一直名列前茅。自 1958 年以来，这家创新型户外服装及相关产品制造商一直依靠"格子"组织管理（基本上是一个同事进行自主管理的横向网络）。已故的比尔·戈尔确立了该公司的四项关键原则——清晰、简单和直截了当的价值观，这些原则从此支撑了该公司的成功，并且可以在 Gore.com 上查看。它们是：

- 自由。我们鼓励彼此在知识、技能、责任范围和活动范围方面不断成长。我们相信，如果给予合作者这样做的自由，他们将超越预期。

- 公平。在戈尔公司工作的每个人都真诚地试图对彼此、对我们的供应商、对我们的客户以及任何与我们有业务往来的人保持公平。

- 承诺。没有人分配任务给其他人；相反，我们每个人都作出自己的承诺并遵守。

- 守底线。戈尔公司的每个员工在采取可能的"水线之下"行动之前，都会咨询其他有经验的合作者，避免对公司造成严重损害。

海尔

海尔是全球最大的家用电器制造商，通常被称为全球最具创新精神的企业之一。该公司拥有 7 万名员工，大部分是自主管理，在全球各地经营业务。根据海尔官网的说法①，该公司凤凰涅槃般重生——从一个功能失调、无利可图的组织废墟中崛起——完全建立在其三个核心价值观之上。这些核心价值观在海尔官方网站上得到了更深入的讨论，具体描述如下：

- 是非曲直：用户总是对的，而我们需要不断地改进自己。
- 发展观、企业家精神和创新精神是海尔文化的核心。
- 人单合一的利益概念。ZZJYT是"自主经营体"的汉语拼音缩写，一种人单合一的双赢模式，完全基于独立运营的单位或自主管理的团队。

2017年，我参加了海尔在中国举办的首届国际人单合一模式论坛，该论坛展示了海尔创建的小微企业。这些小微企业如今已经取得了成功，涉及的领域非常广泛，包括畜牧业、医疗保健和视频游戏。公司成功的关键是在整个企业内部释放创新，同时避免官僚主义的陷阱。海尔一直致力于打造一家充满企业家的公司。

美捷步

尽管面临着合弄制的挑战，这家网上鞋子和服装分销商现在已经被亚马逊收购，并不断地完善自己的原则和哲学。在美

---

① "海尔核心价值观"，出自2019年1月17日，海尔官网：www.haier.net/en/about_haier/culture/。

突破边界：自主管理的原则与方法

捷步的官网上写道：随着我们公司的成长，清晰地定义我们的文化、品牌和商业战略的核心价值变得越来越重要。以下是我们赖以生存的十大核心价值观：

- 提供让客户惊叹（WOW）的服务。
- 拥抱并推动改变。
- 创造乐趣和一点点的古怪。
- 敢于冒险，富有创造力，思想开放。
- 追求成长和学习。
- 通过沟通建立开放和诚实的关系。
- 建立一个积极的团队和家庭精神。
- 少花钱多办事。
- 充满激情和决心。
- 要谦虚。

正如 Zapponian（美捷步自己人的称呼）的 Derek Noel 在 2016 年接受《财富》杂志采访时所说："我在美捷步最糟糕的一天比我在其他任何地方最好的一天都要好。我无法想象再回到传统的等级制度。"①

MEETUP

MEETUP 社交网站成立于 2002 年，最近被纽约的 WeWork

---

① 2016 年 3 月 4 日，《财富》杂志，http://Fortune.com/Zappos-tony-hsieh-合弄制/，Jennifer Reingold，《Zappos 是如何被彻底改变的》。

收购，该网站提供软件，允许会员通过一个共同的平台安排活动。近年来，其核心价值观经历了多次调整。MEETUP 的 ABC 风格的核心价值观陈述比许多自组织更详细和更长，而且它肯定是独一无二的。根据 MEETUP 网站的说法：整理价值观本身就是一个雄心勃勃的项目。但同时，我们最终形成了一个强有力的观点，那就是我们如何一起工作，以及当我们聘请新的"Meetupper"（MEETUP 自己人的称呼）时，什么样的性格特征最重要：

A—永远追求对生活的最大影响

- 可能性 > 稳定性

我们喜欢稳定，但我们更喜欢影响更多生命的可能性。

- 规模 > 边际

我们喜欢关心每一个人，但是我们更喜欢规模和简单。

- 生命 > 金钱

我们爱钱，但我们更喜欢通过加强网络的方式赚钱。

B—勇敢无畏

- 聚焦 > 传播

我们喜欢承担很多事情，但是我们更喜欢做更少的、高优先级的事情。

- 行动 > 精确性

我们喜欢精确的测量，但是我们更喜欢在无法预测的情况下采取行动。

- 爱出风头的亲人 > 有礼貌的维和人员

我们不喜欢惹人厌，但我们更喜欢鼓励人们自信地走出自己的舒适区。

C — 企业变革

- 勇气 > 舒适

我们喜欢自己的规律和日常工作方式，但我们更喜欢不断进步。

- 风险与发展 > 保护过去

我们喜欢我们所拥有的，但是我们更喜欢把 MEETUP 变成明天的未来型公司。

- 系统修复 > 小修小补

我们喜欢修理东西，但是我们更喜欢系统性的修复（小的和大的）。

D—辩论与决策

- 大声说出来 > 和谐

我们喜欢和谐，但我们更喜欢大家讲出更好的想法。

- 行动 > 共识

我们喜欢共识，但我们更喜欢行动。

- 投入 > 发牢骚

我们喜欢捍卫自己的观点，但我们更喜欢保持开放，认识到什么时候该投入（或更换团队）。

E—赋能每个人

- 释放潜能 > 控制人

我们喜欢拥有权力，但我们更喜欢分配权力。

- 承担 > 工作

我们喜欢那些自我表现的人，但我们更喜欢那些勇于承担的人。

- 分散化 > 集中化

我们每个人都喜欢关心一切，但我们更喜欢明确的角色和责任。

F—未来化

- 明天建设得更快 > 今天建设得更快

我们喜欢不断发布新项目，但我们更喜欢投资，以便在未来更快地发布。

- 牢固根基 > 快速生活，英年早逝

我们喜欢努力工作，但我们更喜欢可持续地努力工作。

- 信誉 > 不择手段赢得胜利

我们喜欢胜利，但我们更喜欢正直。

- 愿景主导 > 快速跟随

我们喜欢适应现在，但我们更喜欢创造未来。

M—见面了！

- 一起 > 独自

我们喜欢有英雄气概的人，但我们更喜欢狂热的、让人惊喜的、有爱心的团队。

- 体验 > 理论化

我们喜欢谈论社区和聚会，但我们更喜欢生活在其中。

- 面孔 > 屏幕

我们喜欢避免尴尬，但最好的事情发生在人们见面的时候。

晨星公司

晨星公司的基本原则是：（1）自由开心地工作（不胁迫）；（2）对同事和个人/公司使命的承诺。从这些基本原则出发，晨星在公司章程文件中对其价值观进行了精炼和进一步的详细阐述，旨在向全体员工传递明确的信息。在晨星官网上的同事原则中，该公司列出了以下七个核心价值观。请浏览网页查阅以下简略版本未包括的详情：

> 为了鼓励、实现和保持所有同事、客户和供应商之间高度诚信、信任、能力和和谐的氛围，每位晨星同事承诺：
>
> 1. 使命。我们的使命是生产番茄产品，秉持成本效益、环保负责的态度始终如一地为客户提供产品和服务。
>
> 2. 个人目标与团队合作。我们在此同意承诺在我们的诚信、能力和个人责任方面追求完美。为了表彰每个同事追求幸福的个人目标，我们每个人都致力于追求团队合作，因为团结一致才能成就更多。
>
> 3. 个人责任感和主动性。我们同意对我们的行动以及其他同事的行动和我们的整体使命承担全部责任。
>
> 4. 宽容。众所周知，每个人在许多方面——价值观、

Chapter 7 创建你自己的自组织管理哲学和原则

品位、情绪和实现目标的方法——都不同。大家同意，在不直接影响总体使命的情况下，个别同事之间的这种区别将得到尊重和容忍。

5. 直接沟通与达成一致。人与人之间的差异是生活中自然而必然的一个方面，特别是在追求卓越的过程中。为了达成一致并取得进展，我们同意利用"自主管理的争端解决"程序。（详情请参阅网站）

6. 关怀与分享。同事关心自己、朋友、亲戚、同事、供应商、顾客、环境、使命、原则和设施等，会让每个人更接近自己的目标。在关怀他人时，每个同事承诺：（1）与他人分享相关信息，（2）主动转发他们认为可能有助于他人工作开展的信息，即使没有人要求这样做，以及（3）以尊重及回应的方式对其他同事的询问作出回应。

7. 做正确的事。做自己，讲真话，致力于发现真相。

自主管理原则无处不在

以上有关公司原则和哲学的例子揭示了某些相似之处：它们表达了为整个世界提供价值的愿望和意图。与此同时，它们规定了以非强制性的方式共同工作的重要性，以促进个人工作中的快乐和创新机会，以及对同事和整个企业的责任。虽然每家公司的价值观可能因产品或服务的使命不同而有所不同，但所有的声明都包含一些对生活至关重要的原则，这些原则无处不在，而且始终具有可操作性。（回想一下有关万有引力基本原理的例子：一个人可能会选择否认万有引力的存在，从建筑物的屋顶上飞起来，但是否认万有引力的想法并不会让引力变得不存在。）同样，世界各地的公司可能会选择将自己的目标与始终如一的运作原则结合起来，比如人类对幸福和满足的追求，也可能不会。但是不承认这些原则并不意味着它不存在。因此，在持续（并且，一定要强调，并不成功地）压抑人性的官僚主义的商业世界里，自组织是凤毛麟角。

这里有一个有意思的思想实验：想象一个世界，在这个世界里，世界各地的人们都将他们的行为与人道主义原则结合起来。那会是什么样的世界呢？例如，如果世界上的每个人都放弃对其他人使用武力，我们就不需要军队或警察，也不需要把门锁上。简而言之，这将是一个神奇的世界。当然，我们知道普遍采用这些原则是不现实的——但这不是重点。最重要的一点是，在某种程度上，人们把自己与文明化、和谐和富有成效的人性化原则结合起来，个人和他们的文化（组织上和其他方面）就会变得更好。自主管理原则的重要性不言自明。

自主管理的原则源于法律

自主管理的组织所信奉的许多原则也来自那些无法容忍使用武力（胁迫）的文化中构成法律基础的原则。例如，在大多数文化中，谋杀、绑架、盗窃和袭击都是犯罪行为。许多胁迫行为也需要采取法律行动。然而，在如此多的官僚工作场所，胁迫感觉上就像是日常事务。在自主管理的工作环境中就不是这样了，在那里，任何强制性的约束只会伤害工人，因此，推而广之，伤害整个企业。

合同法也是自主管理企业众多原则的基础。毕竟，合同法的基础是合同本身：一个遵守自己对另一方的许诺或承诺的协议。想象一下这样一个世界：人们经常作出承诺，但同样很快就打破它们：承诺将变得毫无意义。混乱会接踵而至。在西方文化中，大量的努力和开支都集中在确保个人和实体彼此信守承诺，以免日常生活中的事务失控。再想象一下这样一个世界：我们几乎不需要或根本不需要政策来确保兑现承诺：保险费和诉讼费将会大幅下降，生产率也将飙升。

在办公场所，使用强制（甚至是微妙的胁迫形式）、缺乏承诺或责任感直接导致员工焦虑，最终导致员工投入度降低。反之，推崇自由而非胁迫加上对普遍责任的信心，会产生幸福感和对工作的热情。它还培育了人们的创新，从而为企业的更大利益作出贡献，并为整个人类创造价值。

优化核心价值观

随着基本的以人为本和相关配套原则及理念的到位，公司可以自由地优化核心价值观，这将使它们从竞争中脱颖而出，并努力追求它们的商业目标。

比如戈尔公司，就致力于创新。为了推动创新，比尔·戈尔首先提出"自由"是他们的核心价值。这确实是一个合乎逻辑的选择。自由不仅是人类生存的永恒原则，是美国宪法和法律制度的基本原则，也是创新孕育的基础。因此，该公司在其"核心价值1"中关于创新重要性的声明中说："我们相信，如果给予员工这样做的自由，他们将超越预期。"记得吧，戈尔公司本着这个原则，鼓励公司的一名工人开发一种基于戈尔演奏材料的吉他弦产品。戈尔的另一名员工则用戈尔的纤维制造了一种高科技的牙线，现在这种牙线已经成为高效产品线的基础。

美捷步是一家经销商，它致力于优化客户服务。由于公司能够专注于服务的竞争优势，客户可以获得近乎完美的交货和退货，公司因此收获了非常高的声誉、客户忠诚度和利润。

核心价值观的两个极端

有趣的是，在许多自主管理核心价值观所包含的原则中，也存在着完全相反的需求，它们产生一推一拉的效果。我们需要好好处理这些极端的需求。

例如，戈尔公司就是靠公司内部每个人的创新而蓬勃发展的。然而，考虑到创新可能带来的一定程度的风险，公司还采用了"水线"原则作为核心价值："戈尔公司的每个员工采取可能在'水线以下'的行动之前，都会咨询其他知识渊博的员工，这是否会对企业造成严重损害。"人们可以想象，一个工人在试验材料和机器时，可能无意中引发了一系列对公司有潜在危害的事件。但是在一个自主管理的工作场所，在一个蜘蛛网一样编织的人际网络中，后果不可预见的"水线"灾难就不太可能发生。这种网络本身提供的制衡，通常在权力胜过共同责任的官僚机构中是很少见的。

在晨星这样的自主管理企业中，两极管理是公司运营的重要底层支持系统。它帮助公司预测、管理和制定有关市场和全球布局的战略，这些力量可能会对企业产生更好或更坏的影响。这样，不仅避免了"水线"问题，而且在指标的推拉效应出现时，竞争优势也被牢牢抓住了。

核心价值观与公司章程

尽管几乎所有自主管理的公司都有一套明确的原则和理念，并将其作为自己的指路明灯，但并非所有公司都围绕这些原则制定公司章程——尽管它们应该这样做。企业越是成熟或成立得越早，就越有可能认识到需要一份明确、固定的文件，详细说明企业价值观是如何指导日常业务的来龙去脉的。事实上，公司章程是公司的基石，总是帮助支持任何可能出现的问题，同时消除歧义。例如，晨星公司清晰而准确地阐述了公司解决纠纷和解雇请求的程序。这些程序，可以由公司内部任何个人发起。而且因为没有人力资源部门（亲自处理这些问题），明确的目的和过程是必不可少的。任何人在任何时候都可能需要参考章程来获得这些过程信息或其他指导。

再者，毫无疑问，有些公司的章程总会夸大其词，以至读起来像是法律摘要。然而，章程最好应该详细说明我们是谁，我们相信什么，以及我们是如何运作的。但是要小心：如果这份文件成了一份旨在以牺牲公司员工利益来保护公司领导层的文件，那么它就成了一份本质上否定自主管理的整个目的的授权书——每家公司内的员工都会知道这一点。

明确你的原则，创建你的章程

这个过程听起来可能很简单，但是严肃的思考、时间和讨论会帮助你形成你的指导原则，然后从这些原则中构建你的公司章程。一般顺序如下：

- 从原则开始。抵制许多人立即寻找实践、工具和系统的诱惑。原则是你的朋友。在困难时期，即使实践和工具早就过时了，原则不会变。原则总是有效的，从不停息。在没有明确原则的情况下，试图实施自主管理计划就像建造一栋没有地基的房子——它可能会在暴风雨的第一阵强风下坍塌。自主管理的原则始于自由意志的定义：人类在任何情况下都可以自由地作出选择。你肯定需要一个基本原则作为北极星来指导组织中的人们作出这些选择。

- 查看其他（或类似）自组织的原则。你可能会在任何行业或垂直领域获得启发和灵感，所以看看你能找到的一切。

- 经过认真的自我反省，找到你的组织的意义并形成你的公司原则（你自己一生的价值观和哲学是什么，你们公司最底层的使命是什么）。与你的创业团队、领导层或重组团队讨论你的想法。与你想到的每一个人商量，考虑所有可能性，然后聚焦——这些核心价值将成为你公司的信标。

● 看看其他公司的章程，了解一下他们是如何将自己的原则应用到日常运营和问题解决上的。

● 与利益相关者一起制定你自己的公司章程，并随着时间的推移以及新问题和思考的出现，不断完善它。

● 把公司的核心价值观（原则和管理哲学）和公司章程放在官网上和公司内部，这样人们就可以方便地获取信息。大多数自主管理公司会自豪地张贴他们的公司价值观，供所有的网站和公司访问者看到。一些公司则将公司的核心价值观嵌入公司章程中，同时发表一份声明或文件。

早在1990年，当克里斯·鲁弗召集我们的晨星公司创业小团队时，我们都清楚地知道，他多年来一直在思考自己的生活和商业原则。当他把我们召集到一起，分发给我们一份特别易读的大字体三页文件时，我们已经在新工厂破土动工了。这份文件包含了他的两个关键原则，即不胁迫和信守承诺。文件中同时包含一些围绕这些原则的治理语言：是一个冲突解决，承诺透明和分享信息，以及其他一些关于良好团队合作，追求完美、宽容、分享和关心的重要思想。（记住他问我们的问题：工作和爱有什么关系？）基本上，他的讲义都是关于这两个关键原则的，他深信这两个原则会在工作场所带来快乐和激情。他问我们是否有更好的组织治理建议（我们没有）。后来我们讨论了这份文件，并采纳了它，成为一个自主管理的组织。整套语言

突破边界：自主管理的原则与方法

自从 1990 年以来有过一些修订，但是从本质上来说，它从来没有改变过。

60 多年前，比尔·戈尔和他的妻子吉纳维芙以类似的方式在一间车库里创立了他们的公司，他们的原则也很简单。比尔和鲁弗认为，他们公司里的每个人都应该活出自由并谈论自由。他们把他们的公司（和他们的生活）设计成不仅尊重这一理念，而且全力支持它。这种信念使人们认识到，企业不需要激励、管理和"发展"自由的员工，这些人总是有机会和资源可用，而且在其他任何地方都能完美地管理自己。自主管理就是自由。美国商业哲学家彼得·科斯滕鲍姆说得最好：

> 我们生活在一个对控制和预测行为本身比理解行为更感兴趣的组织中。我们认为自由是一个需要管理的问题，而不是所有动力和创造力的本质。如果我们能够加深对人性的理解，我们就能成为伟大的领导者：不管我们在哪里工作，不管我们以什么为生，总能发现伟大的意义。[1]

明确并最终确定公司声明

既然企业的核心价值已经被发现，公司章程的框架已经建立，那么处理自主管理的第一阶段所带来的众多问题就会容易

---

[1] 彼得·科斯滕鲍姆，《工作中的自由与责任：将哲学的洞察力应用于现实世界》（旧金山，乔西-巴斯，2001），第 13 页。想要了解更多关于自我反省和领导一个拥有勇气、道德、现实和远见的自主管理组织的信息，请访问 Koestenbaum's Philosophy in Business 网站 pib.net 上的领导力钻石相关内容。

一些。我们之前已经讨论过在自主管理的不同阶段,决定你的公司(或者新的自主管理组织结构,如果你正在更新)应该在哪里启动的重要性。下面列出一些重点考虑事项,这将有助于你明确目标,并最终确定你的新公司声明。

自主管理的区间范围

指挥权威和领导力:
- 你的公司会保留任何等级制度、老板或经理人吗?
- 是否有任何级别的指挥权?
- 那单方面雇佣和解雇呢?
- 人们会保留正式的头衔吗,还是每个人都会得到相似的称呼,自上而下?
- 领导是指定的,还是项目和任务的团队成员有机地发展个人领导,而最接近具有最合适的技能并加以展现的个体会成为天生的领导者?

这些问题将要求你仔细考虑从最左边——绝对指挥权(奴隶制,这不是一个选项),到最右边——零指挥权(依靠信任、尊重、影响和说服的完全自主管理)的区间范围进行选择。请理解,因为权威命令是二元的——要么拥有它,要么没有——你选择把它保留在自主管理的组织中,就需要非常清楚地划定界限,明确哪些类型的命令可以发出,以及谁可以发出这些命令。

文化

- 你是否相信每个人都是自己生活中的管理者，能够把同样的技能带到工作场所？（或者你认为有些人仍需要"管理"？）
- 你的公司文化是否会培养对所有人的尊重，而不是像"白领"或"蓝领"这样的人口统计学特征？（换句话说，好的想法和改进可以在任何时间、任何地点出现吗？）
- 同事之间的承诺、责任感和主动性是否对你的企业至关重要？

——你是否相信它能够实现自主管理，并建立起你所设想的那种文化？

——员工会被视为专业人士、企业的代表、所在地区的企业主、企业使命的共同拥有者吗（暂时不考虑法律所有权结构）？

- 那么信息共享呢？贵公司的企业文化是鼓励隐藏和隐瞒，还是必须分享信息或者提出要求？
- 公司的自主管理过程是否可以由所有人进行分析、实验和改进？
- 你是否认真考虑过语言在自主管理环境和公司文件中的重要性？

——语言与公司文化密不可分：你是否能够在培养人类创新精神的同时，仍然称你的员工为"雇员"（为薪水而工作的

Chapter 7 创建你自己的自组织管理哲学和原则

人），还是"同事"和"伙伴"等术语会产生更深的共鸣？

——你们公司文件和互动中的语言会激励和鼓舞人心，还是会在不知不觉中延续某种程度的压抑？

- 自由有多重要？你相信人们是日复一日地管理着他们的生活和家庭的"行走的自由"吗？（换句话说，你是否相信人们在自由而不受胁迫的情况下能把工作做到最好？）

- 那么快乐工作呢？很明显，快乐是美捷步的首要任务，因为它在公司十大核心价值观中排名第三。如果让一个新组建的自主管理团队进行一次投票，乐趣往往排在前五位之列。

- 你对同事之间、部门内部或部门之间的协作、努力工作、光明竞争或"共同学习"有什么看法？共同学习在形成公司文化方面尤其重要，因为这意味着你的利益相关者（包括你的客户）在整个过程中一起学习和教育彼此。至于光明竞争，它并不意味着你为你的客户提供他们能得到的最低价格；它意味着你积极地谈判并教育市场，你努力在市场上给他们提供最好的价值。

- 如有争议，应如何处理？更传统的方式是通过管理和监督，或者通过一个自主管理的解决过程，如果需要可以逐步申诉？

- 你的流程是否是你公司价值观和文化的关键？

突破边界：自主管理的原则与方法

促进自主管理的成效

● 承诺、责任和诚信是否是你们公司所有利益相关者互动的基础？

——人们是否必须信守承诺并同意交付（诚信）？

——同事们会把他们的长期承诺写下来吗？

● 有效沟通、共享信息和积极主动是否既是同事之间的责任，又是公司员工之间的责任，能够激励和吸引员工？他们会感到归属感和心理安全感吗？

● 是按要求承诺还是按需承诺？也就是说，只有通过影响力和说服力，才能获得承诺吗？传播哲学家费尔南多·弗洛雷斯（Fernando Flores）提出了一种"对话换行动"的言语行为交流模式，这种交流模式涉及提出一个他人可以自由接受或拒绝的建议或请求——在许多指挥控制型的组织中，这是一个激进的概念。如果被接受，承诺就是为了履行承诺而作出的承诺，而这些承诺是具有结构和生命周期的大胆的有意为之。①

● 员工的个人/商业价值观是否需要与公司的使命、价值观和愿景保持一致？或者，公司会成功地与那些不一定支持公司的使命、价值观和愿景的人合作吗？如果是这样，那将如何运作呢？

● 人类的情感会在工作场所被压制吗？自组织的领导

---

① 《文字的力量》，《快公司》，1998年12月31日，www.fastcompany.com/36313/Power-Words。

Chapter 7 创建你自己的自组织管理哲学和原则

者希望人们对他们的工作充满激情——而激情意味着情感。简单地说,幸福是自主管理成功的基础。就像控制一样:人们可以控制自己的生活和工作。神经科学家们现在知道,人们不可能在没有感情的情况下作出决定——所以,在重新考虑把人类当作一种情感动物来对待之前,请三思而行。高情商也是大多数成功的自主管理者的一个特征。

● 公司是否会制定和分发/发布同事协议、章程或类似的东西?

● 业绩衡量或实时报告机制是否对所有人开放,以便为方向修正、信息共享和透明度提供实时反馈?

● 新同事的遴选过程(招聘)会主要由那些与新同事合作最密切的人来处理吗?

——所有那些将与新员工一起工作的人是否都能在这个过程中发表意见?

● 是否会有指导、培训和新同事的入职指引?

● 公司会为同事提供发展自己优势的机会吗?

——未来职业发展方向的机会?

——提高社交能力和情商的机会?

● 社交技术是否会在企业实现自主管理方面发挥重要作用?

——你会采用诸如开放空间和世界咖啡这样的会议形式来激发创新和领导力吗?

决策权

- 公司领导或所有者是否会保留一些战略决策权，或者同事们是否会就决策权（包括战略决策）的所有权进行谈判？
- 谁来处理专有信息？
    ——这种访问会受到限制吗？如果会，通过什么手段？
- 谁将负责业务流程的改进和管理？

协作

- 不同员工对公司客户承诺的重要性是如何看待的？
- 组织中有多少比例员工会触及客户和外部资源？
- 协作将在多大程度上发挥什么作用？
- 准确地说，自主管理环境将如何帮助人们进行协作？

你的企业存在的理由

一个接一个地审视上述问题，不仅有助于你明确自主管理的目标和过程，为你计划的第一阶段做准备，而且这个过程会加强你对个人和商业使命的共同关注——你的企业存在的理由。但是在你跳到企业存在的理由之前，重要的是要考虑你自己的使命和意义。

科斯滕鲍姆说，对于一般人而言，工作是生活的外延，因此，是体会不到生活的全部意义的。在他具有里程碑意义的著作《领导力：伟大的内在一面》① 中，科斯滕鲍姆解释说，时间压力实际上是存在主义内疚的压力：人们感到压力是因为他们没有活出自己的意义——而官僚主义因内疚而繁荣。当你找到自己的意义（而不是像无数书籍和文章所说的那样，从外到内管理时间），你就是时间——一种由内而外的方法。时间慢下来，使你能够专注于当下，以你自己的节奏和意愿处理挑战和机遇，并允许你以前所未有的水平整合生活的多个方面。这听起来可能有点深奥，但这就是事情的本质，就像你的本性一样。科斯滕鲍姆的商业哲学方法激发了许多商业领袖的顿悟时刻；《领导力：伟大的内在一面》是对任何思考个人使命和意义的公司领导或老板的推荐读物。

下一步：自主管理的隐含假设——或者推出后预测可能发生的事情。

---

① 彼得·科斯滕鲍姆，《领导力：伟大的内在一面》（洛杉矶：Jossey-Bass，2002）。

Chapter 8

自主管理的隐含假设
（或预期）

突破边界：自主管理的原则与方法

> 情境比场景更重要。隐含假设比情境更重要。比所有这些更重要的是一个人，一个完整的人，他永远不会被限制在任何框架中。
>
> ——尤朵拉·韦尔蒂
> 小说家，剧作家，短篇小说作家

出于我们的目的，我在 Vocabulary.com 上找到了"隐含假设"这个无定形术语最简明的定义："隐含假设是指被暗示，或者间接发生的事情。通常用复数形式表示，是指将来可能发生的影响或结果。"

我情不自禁地把尤朵拉·韦尔蒂的名言（见上文）引用到了这一章。韦尔蒂可能是在构思剧本的过程中明确了隐含假设的重要性。但是隐含假设也会影响到自主管理。我们可以把韦

Chapter 8 自主管理的隐含假设（或预期）

尔蒂的名言改写为："比工作环境更重要的是个人的工作处境——他或她是如何工作的。比工作处境更重要的是隐含假设——由于那种工作而间接发生的事情。比所有这些都更重要的是，一个人永远不会被限制在任何框架内（包括组织结构图）。"

当你以自主管理的模式创办一家公司，或者将一家公司重组为自主管理组织方式时，可能会有很多影响；我让客户考虑的和文化相关的一系列问题通常都是发人深省的。① 让我们一起看一下，你会遇到或者需要提前思考的最常见的隐含假设有哪些。

有效自主管理的挑战

当 Fresh Fill 的布莱赖恩·罗查为他在加州开设的便利店启动招聘程序时，他清楚地知道某些招聘不会成功。但罗查在最初的招聘过程中就坚持他的公司理念和原则。虽然，他意识到并不是每个人都是"最佳人选"，他也知道他很可能不得不让一些人离开，而且可能是在早期。

每家公司都有自己的问题，这些问题与公司文化不相适应。在一个以自主管理为公司文化背景的工作环境中，还有其他方面需要考虑。

---

① 以信息图表的形式在 www.alivewithideas.com/blog/信息图表-28个组成部分-有效-组织文化中查看它。

谋权者或政客

看到这里，第一个蹦出来的是享受权力的人。这种性格特征不适合自主管理，是因为在一家完全自主管理的企业中，每个人的声音都是平等的。当一家公司从命令和控制过渡到自主管理时，让权力深度上瘾者出局可能会特别不容易。

然而，如果你想创建一家依靠变革和创新而蓬勃发展的企业，那么斩草除根是至关重要的。正如著名商业思想家加里·哈默尔所指出的那样，变革的先决条件是人们必须愿意放弃权力，而许多（大多数）管理者不愿意放弃权力。与高层领导者相比，中层管理人员中根深蒂固的权力型人格通常更为普遍，是因为中层管理人员经常受益于在组织中向上爬，享受着越来越大的权力（还记得那些让人上瘾的多巴胺吗）。更重要的是，对失去控制的恐惧只会加剧权力玩家在公平的自主管理竞争环境中，变本加厉。

权力追求者和政客也不适合自主管理的企业，因为他们无处可藏。当你自愿协商并就工作目的、工作内容、角色和责任，决策权的范围，以及如何透明地衡量绩效表现达成一致时，你的同事会期望你履行约定。如果你在政治上使用了大量的手段，因此不能履行你的合约，那么对每个人来说都是显而易见的苦不堪言，且你会被判出局。

Chapter 8 自主管理的隐含假设（或预期）

害怕或厌恶变化的个体

显然，转向自主管理对那些习惯让管理者决定他们的工作时长、时间表、雇佣条件等的人来说是个问题，当他们不得不参与这些决定并承担更多的责任，可能会感到焦虑。自主管理的全部意义在于，每个人都是管理者，对于每个同事来说，管理者创造了额外的责任，以及更多的思考、工作和进取的机会。那些喜欢挑战的人会茁壮成长，而那些不喜欢挑战的人通常不会。

话虽如此，还是有一些人是专精导向型的：那些多年来一直专注于某一特定领域的专业知识（如研发）独自工作的人，他们可能有点厌恶变化，但是在自主管理的环境中，角色是由协议塑造的，仍然非常有价值。只要协议是由个人及其工作组自愿商定的，他们的工作协议甚至可以规定首选的人际互动模式（以及工作内容和公司贡献）。

被动型和被动攻击型的同事

消极的人格类型或普遍缺乏主动性的人可能会发现自主管理的挑战，主要是因为自主管理严重依赖于不断地沟通。不断地沟通要求信息传递者、寻求者和接收者能够积极主动地获取可采取行动的信息。如果你缺乏主动性，那么你可能不是一个积极主动的沟通者，而这对有效的自主管理至关重要。

被动攻击型的个体总体上口头支持自主管理的想法，但是之后却没有向同事们表达。"我会尽量回复你的"这立刻引起了人们的注意。对于同事来说，这意味着："我不在乎你。你在我心里算不上什么，所以我可以让你以为我尊重你的要求，而忽视你。"这些人也可能是拖延症患者或者不明说自己的想法。不管是哪种情况，他们都是被动攻击，会破坏有效的自主管理。

圆滑的授权者或伪专家

一些客户面临的招聘挑战之一，是招聘那些具有丰富专业知识和经验的人。这些人很可能人到中年，通常来自传统的（通常是财富 500 强）组织。摩擦就在于此：他们经常授权别人，告诉别人该做什么，并且一路上学会了左右逢源。当老板的杠杆作用消失后，这些雇员可能会陷入困境，因为他们不知道如何向同事提供直接价值。例如，一个供应链专家，可能根本无法提供供应链相关的技能；他的作用只有上传下达（可能只能告诉其他人该做什么，与此同时，拍上司的马屁）。

人们的动机、思维方式和生活方式千差万别。一个有效、自治、责任和自由的自主管理环境应该是对任何人都有利。有些人会充分利用这种自由，有些人则不会。幸运的是，自主管理的企业并不一定非得是完美的。它只需要比传统管理的组织（67% 的员工消极怠工，因为人均生产率的损失，导致每年 3 万亿美元的"管理税"的浪费）做得更好。

Chapter 8　自主管理的隐含假设（或预期）

有效自主管理的三大超能力

每个人都是领袖

自主管理确实需要领导力，它是一个有效进行自主管理的组织的基本要素。在一个自组织中，领导力可以来自任何地方、任何时间。领导力不是被指派的，而是动态地（根据需要）涌现出来的。就如在日常生活中一样，我的一个朋友，Lori Kane 博士，描述了她在微软的一个热门团队中，与多个业务部门就他们最紧迫的问题进行接触。在任何一天，她的团队成员都会描述感受到强烈的领导力，但却说不出来是谁在引领。

这里至关重要的一点是，在一个自组织中，领导力会经常得到锻炼，而在等级制度中，领导力会萎缩，因为人们变得懒惰，错误地把命令周围的人的权威力量（不是一个独特的技能）当作真正的能力用来指导、引导和带领一个给定的任务或项目。

在一个自主管理的生态系统中，领导力可以在任何时间、任何地点发挥作用。例如，一名积极进取的晨星（公司）技术员最近提出了一种处理化学物质的更好方法。于是，他开始设计系统、提出建议、寻求支持和资金，并且实施了一个项目，几乎立刻就收回了成本。

这种自然领导力使自组织显示出引人注目的战略/竞争优势。

在一家自组织的企业中，每个人都可以自由地领导，任何人都可以成为领导者——衡量领导力的真正标准是一个人是否有追随者。领导力通常围绕专业能力开展，但并不一定；它也可能围绕另一种必需的能力，如情商。在晨星，同事们对任何渗透到他们觉察范围（称为"责任环"）内的问题负责。创新、持续改进、关系建设、资源获取、流程执行、合规和所有其他商业领域的机遇都需要一定程度的领导力。在一个自主管理的生态系统中，领导力在需要的时间和地点出现，通常是偶然的，或者出自意想不到的来源。这就是自主管理的力量。

集体智慧

需要指出的是，由于自主管理利用了整个群体的集体智慧，它渴望包括多种性格。例如，内向者和外向者同样重要。丹尼尔·平克（Daniel Pink）[①] 在他的著作《驱动力：激励我们的令人惊讶的真相》中坚持认为，每一种人格类型都应该受益于更大的自主性、自由度和目的性，以及达到精通的机会。例如，如果自组织能够为整体带来价值，并形成一个所有人都能接受的协议，那么它甚至可以从最微不足道的人掌握的专业知识中获益。毕竟，在每一家企业中，总要有人必须推动事情的发生。

而在一个自组织里，每一个人都可以抓住改进的机会。

必须分享集体智慧。对于一个自主管理的组织来说，理想的雇员也是那些愿意"对权力讲真话"的人。即使在一家自主

[①] 丹尼尔·平克，《驱动力：激励我们的令人惊讶的真相》（*Drive: The Surpriing Truth About What Motivates Us*）（纽约：里弗黑德出版社，2009）。

管理的企业中，一些员工也会被他们的同事认为比其他人更强、更有魅力或者更自信，这是人类的天性。然而，为了企业的利益，每个人都愿意向企业中的任何人说出自己的想法，这才是真正的领导者。不仅每个员工都有发言权，在自主管理中，每个人也都有义务这样做。比尔·戈尔认为，这项义务对戈尔的核心价值观至关重要，他规定了"水线原则"——戈尔的所有同事都有义务"注意水线"，并在看到可能会导致公司船只沉没的情况时大声说出来。

只做一个好的倾听者是不够的，正如彼得·德鲁克在他的著作《卓有成效的管理者：做正确事情的权威指南》中指出的，一个人必须愿意并且能够说出来，坚持被听到和被理解，才能有效。① 在公司里如果能够实施一些激励员工发声的机制，如监察员机制，以及引入类似开放空间等社交技术，使得每个人（包括内向者）都能被听到，这也是明智的。

作出和履行承诺

出生于智利的语言学家和计算机研究员费尔南多·弗洛雷斯被认为是信守承诺的教父。他的研究和经验告诉他，承诺是一种语言行为，它包括向某个人提供帮助，而那个人可以自由地接受或拒绝。如果这个建议被接受，就表示已经作出了履行承诺的承诺。弗洛雷斯将这些语言行为整理成连续的要素，这

---

① 彼得·德鲁克，《卓有成效的管理者：做正确事情的权威指南》（纽约：harper business，2017），xxiii。

些要素构成了承诺对话的结构,从而建立信任、诚信,最终实现目标。

弗洛雷斯曾多次提到他的理论,结合了哲学、神经科学和语言学,叫作"基于承诺的管理"、"行动对话"或"本体论"。

事实上,每个领导者都把诚信当作一个至关重要的品质,也是对于利益相关者和员工的要求。诚信和信任的源泉是什么?履行承诺。史蒂芬·柯维在《高效能人士的七个习惯》中将正直描述为"言行一致"(与诚实有关,但有别于诚实,后者是让我们的言语符合现实)。[1] 正直意味着一个人的行为始终和他向他人所承诺的一致。那些始终如一地履行承诺的人会给自己树立靠谱的个人品牌,并且发展出诚实正直的名声。[2]

履行承诺可以创造真正的经济价值,使个人和其为之工作的企业更有价值。

假设有两名相同的生产经理,每个人每年赚 10 万美元,但经理 A 是 100% 可靠的履行承诺,经理 B 只有 80% 可靠。经理 A 确保销售总是收到客户想要的产品组合。经理 B 同样承诺为销售提供正确的产品,这本可以带来 2.5 万美元的利润,但是,有一天他食言了——生产出了有缺陷的产品,让公司反而亏损了 3.5 万美元。企业完全有理由调整工资,支付经理 B 的工资

---

[1] 劳伦斯·M. 费雪,《费尔南多·弗洛雷斯 想要给你一个报价》,《战略+商业》,2009 年 11 月 24 日,www.strategy-business.com/article/09406?gko=ce081。

[2] 同上。

Chapter 8 自主管理的隐含假设（或预期）

为经理 A 的 80%（或任何工资水平）①。这 20% 的不靠谱已经让公司损失了远远超过这 2 万美元的成本——在这个例子中，没有信守承诺就要花费 6 万美元。带来的反思呢？不信守承诺的代价是非常昂贵的。可靠是非常有价值的品质。

事实是，与拥有诚信可靠个人品牌的人做生意的成本较低，因此与这些人做生意更有利可图。相应地，与某人做生意越有利可图，就会有越多的人愿意与这个人合作，这个人就会有越多的机会。价值就是这么增加的，无论是商业上还是个人方面。这也是个人和公司发展的方式。

作出承诺和履行承诺是至关重要的自主管理技能，有大量的历史研究是围绕履行承诺展开的。承诺是积极的语言，承诺是有结构的，承诺有一个生命周期，承诺是大多数组织中最容易被误解和功能失调的概念之一。想想看：在许多（如果不是大多数）组织中的一个主要问题是，人们在作出承诺和履行承诺的方式上可能会马虎，导致信任的水平下降、过度的沮丧和严重的失望。信任源于诚信，而诚信源于有效地履行承诺和沟通。

在晨星公司，信守承诺是企业自主管理的两个核心原则之一，至少是企业治理的一半基础。这是一个使命必达的商业成功要素。这就是为什么承诺是重要的。

---

① 史蒂芬·柯维,《高效能人士的七个习惯》(纽约：Simon & Shuster, 2013)。

招聘、筛选和选择新员工

引进新人，也隐含着一个自主管理的含义。这使许多人感到困惑，但它不应该如此。其目标不是去除传统命令控制的所有残余，而是寻找和引进能带来巨大成果的人才。在自主管理中，这涉及一个过程，在这个过程中，那些最接近工作的人最有责任选择他们最理想的同事。（还有谁比同行更适合评估电工候选人呢？）不过，这并不意味着无计可施，尤其是当一家公司刚创业时。

举个例子，再看看创业公司 Fresh Fill。创业之初布赖恩·罗查明确地说了这样一句话："我不会马上放弃所有的命令和控制。我要先把这东西修好，然后再运行。在一切运转良好、各种问题得到解决之后，我将把控制权交给其他人。"这正是他所做的，尽管他首先从别人那里得到了很多想法。但罗查认为，最初的招聘步骤是创始人的工作。在那之后，他的工作和其他人一样，成了社会网络的一部分。

自组织中的解雇

解雇或终止协议是一个自主管理的行为。这曾经困扰着许多人，直到他们意识到一个真正的自主管理的过程是可以消除常规工作环境中的常见解雇所带来的后遗症的。这比宣布"你被解雇了！"更人道（虽然肯定更复杂）。

在完全的自主管理中，解雇是一个尊重组织中每个人的尊

Chapter 8　自主管理的隐含假设（或预期）

严并听见每个人声音的过程。任何人都不能屈从于上级的一时兴起；任何人都不能被另一个人单方面、武断地或任意地解雇。这里没有对无正当理由终止的恐惧，取而代之的是一份非常严肃的正当程序裁决书。

这个过程依赖于请求和响应［最初是一对一（直接）请求和响应］。它还包含很多模棱两可的地方：要解雇同事，必须有人有勇气向同事提出最初的请求，虽然不知道事态会如何发展。比如，我注意到公司的保安擅离职守，导致工作场所无人看守，从而破坏了公司的安保政策。这种行为是不可接受的。因此，我，作为他的同事，可以要求他最终完成对企业的服务（请求）。他可能同意也可能不同意（回答）。不管怎样，这种模棱两可的局面可能会让人感到不安，因为我不知道保安会作何反应。这项要求是保密的，尽管在晨星公司我可以咨询一位保密的顾问（称为监察员），或一位指定的同事，等等。

如果保安承认他的疏忽并同意离开，我们可以商量他离开的条件。例如，我们需要两个星期来找到一个接替者。但是如果保安拒绝了我的要求并且不同意我的看法，我们就会转向一位中间调解人，一位我们都认同并信任的同事，以帮助协调不同的观点。(过程中的一切都是可以商量的。)

重要的是，在这个过程中没有地位高低：发起者可以是一名铆钉工，而响应者可以是组织的财务总监，整个过程极富挑战性。发起方可以是大胆的，同时当信息或证据明确时，这个过程可以有效和公正地发挥作用，因为它是在一个自主管理的组织中尊重所有人的个人权利和尊严的核心原则的体现。本质上，这个过程将人力资源（也就是去人力化）从等式中移除，并允许人们为自己进行辩护。

结果永远无法确定，但重要的是保持过程的人性化。在晨星，我们曾经把这个过程叫作冲突的解决；我们现在把它叫作同意协议程序，这里体现更多的是关于人们在与他人共同生活或工作时努力实现的目标。当然，如果某人挥舞着武器，喝醉了酒，或者威胁要殴打他人，那么"程序"是不适用的；常识告诉我们应该立即拨打"911"。这是社会和法律体系赋予我们的责任。

拥抱无处不在的创新

自组织嘉奖那些看到机会不放过，愿意进行创新和改进的人。创新对于高度竞争的 21 世纪企业至关重要，创新主要来自创造力和想象力。技术将为个人在 21 世纪创造价值提供无限的机会，每个人都可以通过虚拟现实、现实虚拟、增强现实和无数其他时空物质重新排序，以无穷无尽的想象方式实现。（参考在第二章中提到的金·科恩的《无限可能性》一书可以了解到这一点。）

在传统公司，大多数人清楚地知道任何技术的进步会从何而来，这主要是因为只有具体的部门和个人才能担负起通过创新推动公司前进的荣誉。但是在一个自组织中，创新的精灵被释放出来：新的产品和服务理念，以及提升效能的新途径可以

Chapter 8 自主管理的隐含假设（或预期）

来自任何人、任何地点、任何时间。几代人以来，传统官僚机构的员工一直在抱怨这样一个事实：他们无法充分展现自己的能力，无论在深度上还是广度上。因为他们打卡上班，打卡下班，只能严格遵守分配给他们的职责。但在自组织里，鼓励每一个人（而不仅仅是少数几个人）帮助公司走向未来，光从统计学上看，竞争优势的潜力都是巨大的。

以中国家电巨头海尔为例。从一家濒临倒闭的冰箱制造商开始，首席执行官（有远见的战略家张瑞敏）裁减了1万个中层经理职位，并创建了一个由4000多个自组织的团队（称为小微企业）组成的巨大创新平台，其中许多团队利用客户的直接反馈，激发很多创新的点子，其中一个就是以脉动的方式进行洗衣机水流旋转。他的目标是什么？使海尔成为世界上最具竞争力的公司之一。

许多海尔团队是跨专业的，面向市场的最小单元。他们不懈努力，用小微企业的方式满足快速变化的客户需求。随着来自全球互联网家电客户的反馈信息源源不断地涌入这些小微企业，海尔团队可以自由创新。一些小微企业已经成为新产品和新服务的孵化器。海尔小微企业已经进入电子游戏（Thunderobot）、医疗、养殖等领域。张瑞敏不知疲倦的创新视野成为海尔存在的理由。

因为海尔认为创新是其成功的关键，所以它在整个企业中打开了员工的想象力。结果也让人眼前一亮：海尔现在是世界第一的家电品牌，一家名副其实的无限制企业。

突破边界：自主管理的原则与方法

放弃传统决策

在一家自主管理的公司里，谁作决定，谁有发言权，这些问题迟早会出现。这是必然的，因为自主管理要求放弃指挥和控制决策权，并将这些决策权交还给最接近任务的那个人，即那些真正在做事的人。这样，每个人都能找回自己的大脑。

决策权问题是一个必须尽早考虑的问题。如果你回想一下我的经历——一家试图自我革新成为自组织的企业，而首席执行官突然屈服于中层管理者的压力，放弃整个计划时，你就会明白，决策权常常在哪里会遇到阻碍：正好是中层管理者。这是因为中层管理者是告诉其他人该做什么的阶层，而中层管理者可不愿意轻易放弃他们的权力。尽管如此，决策权问题并不仅仅是那些转变为自组织的企业的问题。对于创业公司来说，决策权也是一个需要认真考虑的问题。例如，Fresh Fill 的创始人布赖恩·罗查决定，在最初的招聘过程中，他将先保留决策权，然后直接放弃这些权力，以确保一种纯粹的自主管理商业模式。或者，想想戈尔公司的比尔·戈尔管理的是一个自组织，同时公司的管理者们还保留着决策权。海尔公司的张瑞敏也是如此。

如今，千禧一代对全球职场的颠覆——这一代年轻人在工作中寻求意义和使命——表明，即使在金融行业这样根深蒂固的层级组织，员工可能也再不会屈从于完全的命令和控制。互联网通过让所有人都能轻松获取信息，进一步加强了这种颠覆

Chapter 8 自主管理的隐含假设（或预期）

性；你不想让员工知道的信息，再也不能通过单一的官僚机构或科层组织来过滤。虚拟团队，自组织的新模式，超越优步（Uber）和爱彼迎（Airbnb）的非中介化，再加上新技术（区块链、加密货币、人工智能），只会让命令和控制变得更加过时，因为所有这些，以至于更多，都与自主管理完美结合，就像拼图一样。

是的，自主管理基于协作和协商的决策过程可能比官僚机构直接下达命令的方式需要更多人参与进来。然而，正如记者詹姆斯·瑟罗维基（James Surowiecki）在他的畅销书《群体的智慧：为什么多数人比少数人聪明以及集体智慧如何塑造商业、经济、社会和国家》中所说的那样，协商决策往往是更好的决策。① 重要的是，指挥和控制决策权的消亡并不意味着，在自主管理中，每个人对每个决策都有否决权。这并不意味着人们可以拖延决策。但在自主管理中，决策是一个关乎道德和公正的问题：它意味着在一定程度上，你需要让员工参与进来，让他们参与到将影响他们工作生活的事情中。对于不设限企业而言，协商决策恰好也能产生最佳决策。对于由个人作出的决定而言，问题是：谁是作这个决定的最佳人选？

---

① 詹姆斯·瑟罗维基（James Surowiecki），《群体的智慧：为什么多数人比少数人聪明以及集体智慧如何塑造商业、经济、社会和国家》(*The Wisdom of Crowds: Why the Many Are Smarter Than the Few and How Collective Wisdom Shapes Business, Economies, Societies and Nations*)（纽约 New York：Anchor Books, 2004）。

责任之环

"责任之环"形象化地表示，在一个自组织中，每个人对他注意到的所有事情都负有责任。在这个责任之环中，主环是一个人的工作领域，也就是公司把他招来需要做的事情。这是一个员工最关注的地方，也是他可以作出最大贡献的地方。哪怕他意识到一个问题，虽然超出了他的承诺范围，但他也要主动地并且有义务去处理它（这就是戈尔核心价值里的"水线"规定）。在一个自主管理的组织中，每个人都是整体的一部分并且每个人都要对整体负责，同时也要对他们承诺的业绩范围内的同事负责。

绩效评估将死

在传统的商业世界里，管理者通常会回顾过去，通过年度评估或类似的方式来评估员工的表现。这通常是一个"三明治"事件：上司告诉员工自己在前几个月注意到的他们所有正向的表现，然后呈上消极的事项清单，握手，并希望自己的评价将激励员工做得更好。不过在经历了这一切之后，很少有人有动力去改进。

好消息是，绩效管理正在发生根本性的变化，即使是在一些传统的公司，其关注焦点也正转向前瞻性的过程，而不是后视性的批评。例如，在寻求提高工作/生活平衡方面，德勤（2017年《财富》杂志"最适合工作的公司"名单中排名第11

位)已将年度评估转变为及时、滚动的业绩反馈。这是大势所趋,因为年度评估可以被加权,被不可明说的动机所影响,被一系列的公司陋习所玷污,比如扣留头衔、扣除补偿和奖励等。出于所有这些原因,年度绩效评估必须被终止。

在自主管理中,完全没有必要进行像官僚主义那样繁文缛节的绩效评估。在任何给定的时间空间内,同事们都会准确地知道谁对团队工作的成功至关重要,谁不重要。自主管理本质上是一个自我淘汰和自我推销的过程,在这个过程中,那些对自己的工作充满热情并充满承诺的人会成功并能取得长足的进步,而那些明显落后的人则不然。

我们可以向德勤学习,该公司将其业绩评估过程归结为四个简单的项目:

1. 根据我对这个人表现的了解,如果这是我的钱,我会给这个人最高水平的薪酬和奖金。

2. 根据我对这个人表现的了解,我总是希望他在我的团队中。

3. 这个人有表现不佳的风险。

4. 这个人今天就可以升职了。①

这个过程是前瞻性的,因为团队成员都会问自己:我以后

---

① Jena McGregor,《如果你可以用四个简单的问题来代替绩效评估会怎样?》《华盛顿邮报》,2015年3月17日,www.washingtonpost.com/news/on-leadership/wp/2015/03/17/deloitte-ditches-performance-rankings-and-instead-will-ask-four-simple-questions/?utm_ term=.aa2c72c6a6f0 \ 。

突破边界：自主管理的原则与方法

还想要这个人加入我的团队吗？如果答案是否定的，同事可以督促这个人提高绩效，或者让他寻找更适合自己的工作。

管理冲突和分歧

在传统组织中，员工可以向经理或主管投诉。但他们将如何解决自主管理的工作场所的差异？在一个自主管理的环境中，根本没有员工纪律这回事，因为这意味着有一个上级可以施舍，或者存在胁迫——在一个自主管理的工作场所，这两者都是不存在的。

正如我们所描述的许多假设，为了解决分歧，自主管理要求每个人都采取积极主动的行动，有许多方法可以处理令人不舒服的情况，而不仅仅是容忍它们。例如，一个组织可以为其所有员工提供冲突管理培训。在自主管理中，有一个强大的动机去抓住主动权，直接和公平地处理问题。或者正如晨星所做的那样，一个组织可以利用监察员程序，让同事在一对一处理问题之前得到保密的建议。同事们也可以主动要求同事提高他的冲突管理技能，以便及时解决问题。如果私下讨论无法解决分歧，则可以通过由商定的第三方调解人进行的调解程序来解决，或者召集一个有助于达成一致意见的同侪小组来帮助决定争论的问题。

关键是你的组织选择的过程和你的员工选择的过程一样有效。在工作场所之外，人们一直在努力解决这类问题——例如，是否直接与制造问题的人接触。最后，围绕冲突管理的选择是

Chapter 8　自主管理的隐含假设（或预期）

一种价值观的选择：追求用自主管理的方式处理冲突所带来的好处是否远超放任自流有话不说而带来的损失？

动态预算 vs 传统预算

自组织应该超越传统的、年复一年的预算过程。在自主管理中，传统组织固有的正式预算审批过程变得更加有机和动态。自主管理的企业就像活着的、不断成长的生物一样，知道什么时候需要食物，为什么需要食物。资金和资源不需要自动分配到任何地方；不需要通过削减边边角角的预算来凑数；也不需要对偏差进行微观研究。只有那些最需要的人、受决策直接影响的同事以及对战略和财务流程有广泛理解和责任的人才能评估需求的可行性。组织内，根据必要的任务、流程和计划分配资源；相反，不必要的任务、流程和计划可能就不需要资源。处于两者中间的任务、流程和计划，由同事们共同决定重要性以及应该如何为它们筹措资金。

自组织中，每个月至少汇总一次财务数字，并且能够在未来的几年里随时提供财务状况的明确信息。"超越预算圆桌会议"正在领导全世界的变革——以基于业务实时需要的动态、基于事实的预算编制方法取代传统的预算方法。这并不是说数字不重要——恰恰相反，它们至关重要。只是数字流程应该服务于业务，而不是相反。

突破边界：自主管理的原则与方法

工作即乐趣

我最喜欢的关于自主管理的理念是克里斯·鲁弗第一次向我们（他的第一个团队成员）提议的。当时他向我们介绍自主管理的概念：工作应该是有趣的。(他告诉我们，当他能看到人们的灿烂笑容时，他就知道他们在享受工作。)鲁弗接着将自己的工作哲学描述为一种动态冒险———一种每天都会发生令人兴奋的、企业扩张的事情的游戏，帮助同事成功地引导他们的公司走向未来。① 事实上，工作即乐趣的概念已经成为当今许多自组织不可或缺的一部分，以至员工在着手确定这些原则时，通常都会把乐趣作为公司的核心价值。美捷步并不是唯一一家将乐趣列为其核心价值之一的公司。晨星公司以其同事对快乐工作的热爱而闻名，以至它已经被 Lori Kane 和 Bas de Baar 合著的《不一样的工作：从我应该到我爱我的工作》一书所记载。②

培训，提升商业的可持续发展

如果你说在一个自主管理的工作环境中，每个人都是管理者，那么这意味着你期望人们能够在那个商业环境中自主管理。

---

① 查尔斯·库拉特（Charles Coonradt），《工作的游戏：如何像玩游戏一样享受工作》(*The Game of Work: How to Enjoy Work as Much as Play*)，Layton, UT: Gibbs-Smith, 2012。

② Lori Kane, Bas de Baar,《不一样的工作：从我应该到我爱我的工作》(*Different Work: Moving from I Should to I Love My Work*)（西雅图，亚马逊电子服务公司，2012）。

Chapter 8 自主管理的隐含假设（或预期）

但是，如果不在某些领域提供支持和辅导，这可能并不公平。一种提升人们自主管理技能的方法是通过必要的商业培训，帮助他们发展商业方面的敏锐度。在新员工加入公司或者人们根据需要在不同的团队和职能中流动时，通过这种培训和教育的方式，还会得以让自主管理维持和不断改进。

在晨星，我们创建了一个迷你 MBA 项目，包括大约 100 小时的课程，旨在提供管理各个学科的知识和技能：计划、组织、财务控制、选择和协调。设置的模块包括战略规划、财务素养，以及业务流程改善与协调。我们还提供有关团队合作、领导能力、沟通能力、谈判和调解能力以及有效面试等模块。

通过这种方式，我们确保以一种尊重自主管理和同事承诺的方式提供培训计划，让人们在晨星公司成为有效的自主管理者。了解到我们的同事已经是自己生活的管理者，我们设计通过教学体验来增强这些管理技能，帮助他们在商业环境中成为成功的自主管理者。当看到机械师、叉车司机和销售人员学习投资回报率计算、借方与贷方、谈判和有效面试，确实令人印象深刻。当他们学习战略的时候，不仅仅是关于商业战略，也是关于为一个人的整个人生建立一个战略。任何一名迷你 MBA 毕业生都具备了自己创办小企业所需的所有知识。而这些技能，他们已经准备好在工作中应用了。这就是学习型组织的力量。

技术将成为未来工作中自主管理培训的主要组成部分。人才开发协会（ATD，前身为 ASTD）的首席执行官兼主席托尼·宾汉姆（Tony Bingham）说："新技术对人才开发行业的影响是巨大的。我们在组织中处于独特的地位，能够识别技能差距，制订计划和方案来解决这些差距，并鉴别什么才是有竞争力的人才所需要的。作为一个职业，我们必须刻意学习技术是如何影响组织工作的，以便我们能够创造并赋予人类在创造敏捷创新文化方面提供的独特价值。"①

自适应学习，通过使用人工智能平台主动地为个体学习者定制学习内容，是当今最热门的话题之一。微型学习是另一个热门的发展主题，是在人们需要帮助完成工作时，以平台中立的形式提供背景支持和内容（微型学习专家 Shannon Tipton 将微型学习定义为"短期特定的大小合适的内容爆发——试图针对我们试图解决的问题提供内容"）。②

持续的学习将为未来商业的可持续、无限制企业提供动力。

---

① 托尼·宾汉姆（Tony Bingham），《未来学习对未来工作的影响》，《ATD 技术知识》，2018 年 10 月 31 日，https://techknowledge.td.org/insights/The-Future-of- 学习对未来工作的影响?_ ga = 2. 109846853. 1343798032. 1544659067 - 2079249097.1543518429。

② Shannon Tipton,《采访"微学习女王 Shannon Tipton"》(interview with "the Queen of Micro Learning" Shannon Tipton)，采访者 Ger Driesen，a Newspring，2018 年 1 月 4 日，https://vimeo.com/249711484。

Chapter 9

如何开始自主管理？

突破边界：自主管理的原则与方法

> 快乐不是简单地发生在我们身上，我们必须选择快乐，并且每天都要选择它。
>
> ——亨利·卢云
> 荷兰天主教神父，教授，作家，神学家

作为公司的"一把手"或者公司领导团队的一员，你已经投入了时间和精力推动如何在你的公司开展自主管理。也许你已经阅读过相关的材料，参加过各种会议或网络研讨会，与其他人一起碰撞出一些最初的想法，试图放弃几个世纪以来命令和控制的管理方式，并大声质疑当今商业世界千禧一代的突变。或许，在你阅读这本书时，这可能是你第一次考虑自主管理的概念。没关系：你一直有一种深刻的、持久的感觉，那就是过去的组织管理已经瓦解，有太多的人一辈子都在无聊地辛苦工作，为的是拿到每月的薪水，然后把它交给抵押贷款机构、汽车金融公司等。一段时间以来，你一直怀疑你的公司无法在国内或全球市场上突飞猛进，是过于守旧缺乏创新，如果打破这些惯例，你就可以自由地去实现几乎所有的目标。

你已经准备好分享所想与所知，你已经为自主管理做好了准备。

启动：谁应该参与？

当一家公司的领导者开始反复思考他或她所在组织的自主管理时，早期阶段，没有严格规定谁应该一开始就加入讨论。正如我们之前所讨论的，公司创始人或领导团队可能已经收集了一段时间关于自主管理的信息了；他们也可能已经在自我评估个人和商业的准则和哲学；或者，他们可能已经阅读了相关材料并参加大会或论坛（或者可能已经派代表去收集了这些信息）。事实上，自主管理的整个理念首先来自领导团队的某个高管，然后被提交给公司"一把手"去考虑，这种情况也很常见。

然而，在某种程度上，公司"一把手"通过资深员工、合作方、个人顾问以及 KOL（关键意见领袖）的反应、反馈、印象、建议和论点等方式来扩大信息影响圈是最有帮助的。也就是说，这种沟通交流是一门艺术，而不是一门科学，而且没有硬性规定。

在我关于自主管理的第一本书《超越赋权》中，托德——我虚构的贝瑞威（BerryWay）公司的首席执行官——在开公司之前，咨询了各种顾问。事实上，是托德的一个私人朋友最初建议他成立一个由一群导师组成的顾问委员会，以一种非正式的、友善的方式，就普遍发生的关键问题向他提供建议。当托德正在构思自己的加工厂，并考虑自己的组织结构可能会是什么样子时，他让三个人充当他的非正式顾问小组：他的主要导师，他公司核心设备的设计师，以及一家大型分销商的运营副总裁，这家分销商是托德的一个长期客户。他们三个都满怀热情地表示同意，很高兴能帮助他们喜欢和尊敬的人，也很开心有机会帮助这个地区十多年来最大的制造业创业公司之一。这些人在最初寻找该公司定位的过程中是不可或缺的。同时，他们还充当了托德自主管理理念的共鸣板。

显然，对于创业公司的领导者来说，一个有效的顾问团可以从任何地方挑选出来：整个行业，朋友和家人，经验丰富的熟人和导师，关键领域的运营专家，等等。然而，如果一个现有组织的领导人正在考虑向自主管理过渡，他可能会面临更大的挑战，因为他需要寻找那些在其萌芽阶段对一项倡议最有帮助（而且危害最小）的人。在这种情况下，重要的是要考虑利益相关者（即那些将受到变革影响的人），更重要的是挑选最初的团队。这是因为，一个认真考虑向自主管理过渡的公司领导人，需要把这个信息迅速传达给员工。如果第一批利益相关者（可能是高层也可能不是）没有参与进来，那么他们就可能在项目还没开始之前扼杀它。最终，对于那些漠不关心的人，目标就变成了说服他们至少尝试一下自主管理的概念。

Chapter 9 如何开始自主管理？

咨询顾问可以帮你启动自主管理项目

一个自组织顾问可以在启动自主管理项目过程中的各个关键节点上提供帮助，例如商业案例的制作、组织的评估、培训和落地实施。寻求外援的时间没有对错之分。

很早就有一些公司的管理层联系过我，可能是通过熟人、一次大会、一次研讨会或网络研讨会，或通过阅读书籍，或自媒体等方式听说了自主管理的概念。出于好奇，他会想知道更多，可能会主动约一个电话会议或面对面会议，一对一的方式或者带着领导团队成员前来。有些领导者和机构只想上一个自主管理培训或大师班。有些公司需要自组织落地支持或设计。还有些公司会预约定期电话或者在线沟通，帮他们答疑解惑。

当然，在大型企业寻求组织变革（特别是在那里可能有重组或者消灭中层）时，需要大量的思考和计划，以缓解这一过程。处于这种状况的公司往往会发现咨询顾问的帮助非常宝贵，因为他们可以向各个级别的利益相关者或圈子说明情况。咨询顾问带来的经验——尤其是在关键影响者或对变革的抵制等问题上——在早期可能是非常宝贵的，可以帮助确保这项变革行动不会因为一点点阻碍而受到困扰，或者停滞不前。

顾问还拥有诸如组织网络地图等一些工具，可以帮助识别组织中可能起决定性作用或破坏作用的关键人物的身份。通常，使用这些工具都需要认证，即使是那些看起来较易掌握的工具（Org Mapper、OrgNet 和 Net-Map Toolbox，世界银行使用它们来帮助第三世界国家的发展）也可能需要培训和专业知识，而

突破边界：自主管理的原则与方法

很少有人具备这些知识。

自组织顾问本身具备的背景知识，更不用说其预测可能遇到的"坑"（以及感知张力）的诀窍，可以帮助任何领导团队顺利开展自组织。即使在早期，顾问也可以帮助团队在不断扩大的圈子里向员工"推销"自主管理案例。虽然管理咨询顾问的范围很广，但专注于组织自主管理的咨询顾问的圈子也很有限，因此必须寻找专家，而不是通才。如果你从来没有和自主管理顾问合作过或者没有人推荐，那么从浏览社交媒体、阅读那些关注自主管理的人写的文章或书籍，或者追踪他们在网上举办的研讨会、线上培训和大会开始，可能会有所帮助。例如，在谷歌上搜索"自组织"就能带来许多自主管理咨询专业知识的切入点。

向前一小步

是的，已经有一些组织将其更为传统的组织结构"全盘"转移到新的治理结构中。美捷步是第一个从我的脑海中冒出来的，当时（2013年）它的首席执行官谢家华高调宣布公司转型的报道还历历在目。而最近的媒体报道已经清楚地表明，美捷步全公司范围内从天平的一端转到另一端，这件事已经给这家在线零售商带来了一些问题。其中一些挑战无疑是由巨大的组织转型造成的，因为企业的所有预期都必须与该方向保持一致。

美捷步在转型中所经历的挑战，是绝大多数公司领导者和员工考虑转向自主管理，甚至转向更加扁平化的治理结构时所

Chapter 9　如何开始自主管理？

担忧的。例如，任何试图在内部"推销"自主管理理念的人，肯定会遭遇这样的担忧和反抗。但其实具有讽刺意味的是，根本没有必要做一个"彻底"的大转变。

如果我们从一开始就认为没有企业需要或希望混乱，而且没有企业应该容忍混乱，那么一个完全合理合法的方法就是将企业中较小或自闭环的团队/部门进行组织转型，一次就动1~2个。这种"垫脚石"方法的好处有很多，包括更好地辨别抵抗、故意推迟和隐藏的反对意见；有更多时间进行高质量、包容性对话，更好地管理整个项目的方向；以及（不是小事）在让其他部门参与进来之前，以一种机智的方式逐个向企业的其他部门推销这个项目的成功。凤凰城大学的斯蒂芬妮·戈尔登和她的团队证明了在传统等级制度的海洋中建立一个有效的自主管理的新岛屿也是可能的。

即使是在一家小的、完全创新的创业公司，如便利店企业Fresh Fill，首席执行官布赖恩·罗查都是采用"一次一小步"的想法来确保成功推出。意识到他的概念商店的许多方面都没有经过测试，他选择以更传统的方式控制最初的招聘过程，再逐步放开对这一过程的控制。在此之前，他需要确保建立一个坚实的工作人员平台，从而取得进展。是的，他本可以建立一个核心领导团队，并立即把招聘职能移交出去。但是因为他知道每一次雇佣都是公司"面对客户"的重要机会，同时每一次雇佣都是成功的关键，甚至可能需要迅速调整，因此在筹备推出自组织之前，一些"垫脚石"是必不可少的。

突破边界：自主管理的原则与方法

事实上，历史上大多数突破性的变革都是通过微小的、深思熟虑一步步实现的。有趣的是，当我们在这里谈论如何让官僚机构摆脱"老驴拉磨"的模式，走向自主管理、充分协作和全面问责的自由时，我不禁想到了许多迥然不同的使整个国家摆脱真正的奴隶制，走向自由所需的步骤。事实上，早在17世纪晚期，宾夕法尼亚州和新泽西州的贵格会就开始讨论奴隶制及其与平等主义原则不相容的问题。几十年里，随着人们阅读、研究和讨论这些问题，这场运动在贵格会的民众中传播开来。最终，贵格会得出结论，奴隶制是错误和不道德的，需要反对；废除奴隶制的想法随后生根发芽，成为一种战斗口号。然而当你开始为自己辩护，反对"奴隶制"，支持一家更快乐、更热情、更有生产力的企业时，在对话中还是要突出"垫脚石"的概念。

从这里开始：20个关键点

正如我们在本书中所看到的，无论是从自组织所实现的真正的利他主义（改善和丰富企业每个利益相关者的生活，让世界变得更美好），还是自组织保证一家企业自我实现的部分（创建一家无限成功的企业），都表明自组织远远胜过官僚主义。在你对外分享的时候，你可能会自信地想要提出一些观点。这些观点包括但不限于：

  1. 官僚主义（指挥与控制）与21世纪的组织不同步，因此不可避免地会被摧毁。在一个变化如此迅速的世界里，官僚等级制度将无法与之竞争。仅仅保持指挥和控制以及官僚行政管理所需要的精力和时间是不可持续的。商业世界将属于最灵活、最敏捷的公司,它们拥有天然有机的工作环境,鼓励企业每个角落的承诺、合作和创新。

2. 愚蠢的官僚主义是对人类生命的浪费。个人生命的时间是唯一完全不可再生的资源。除了浪费生命的伦理和道德影响之外,官僚主义还会消耗员工的时间和精力,而这些时间和精力本可以用于真正重要的事情上,包括在追求企业使命和个人幸福的过程中充满激情和高效生产力。

3. 尽管奴隶制在西方世界被宣布为非法已经有一个多世纪了,但是人类仍然在"被剥削"。这种压抑的生存环境不仅是对生命的浪费,以及考虑到如今很少有新生代人会接受这种环境,难道不是简单地结束这种虚拟奴隶制的时候了吗?难道不是时候让我们摆脱工作中的官僚主义,为我们现在面临的未来做好准备吗?

4. 据盖洛普民意调查机构报告,美国工作场所中67%的员工消极怠工,其中高达16%的员工通过不服从上级、散播八卦、在社交网络上传播负面消息、旷工,甚至破坏活动来积极破坏组织。[①] 消极怠工的硬性成本固定在每年接近

[①] 《美国职场的现状》,盖洛普,2017(https://www.gallup.com/workplace/238085/state-american-workplace-report-2017.aspx?g_source=link_NEWSV9&g_medium=TOPIC&g_campaign=item_&g_content=State%2520of%2520the%2520American%2520Workplace.)。

5000亿美元的生产损失上。① 自组织不会为这些消极怠工问题而挣扎，因为员工们经过不断的协商，使自己的个人商业使命与企业的使命相一致。自主管理的工人不会被胁迫劳动，他们创造自己的工作条件。这叫作自由意志的行使。

5. 消极怠工的影响会一直延伸到客户身上。当公司不关心员工时，员工也就不关心公司了。员工的不满越来越多地渗透到消费者层面，影响公司的顾客感知、顾客满意度，最终影响企业在市场中的竞争力。当员工的消极怠工达到了历史最高点，将对企业的生存能力构成非常现实的威胁。

6. 员工不是"工时"或"人力资源"的代名词。近期，媒体开始谴责包括亚马逊和迪士尼在内的一些公司，因为它们设定了严格的绩效指标而导致近乎残酷的执行速度，这对员工造成了极大的伤害（泰勒的科学管理的遗产）。② 通过互联网，各家公司的管理实践也需要对公众舆论和抗议、法律行动和股东反应保持完全透明开放。

7. 人们在日常生活中天然地进行自主管理，为了企业

---

① 《美国职场的现状》，盖洛普，2017（https://www.gallup.com/workplace/238085/state-american-workplace-report-2017.aspx?g_source=link_NEWSV9&g_medium=TOPIC&g_campaign=item_&g_content=State%2520of%2520the%2520American%2520Workplace.）。

② 查理·帕克（Charlie Parker），布列塔尼·沃诺（Brittany Vonow），《恐怖仓库：亚马逊仓库的生活》(*Warehouse of Horrors: Amazon Warehouse'life*)，揭示了定时上厕所和工人们站着睡觉的生活，2017年11月27日，纽约 www.thesun.co.uk/news/5004230/amazon-warehouse-working; Steve Lopez，《迪士尼乐园的工人回答"电子鞭"》，《洛杉矶时报》，2011年10月19日，http://articles.latimes.com/2011/oct/19/local/·拉米-1019-洛佩兹-迪士尼-2011/10/18。

使命和个人的利益，也能够进行同样的自主管理。

8. 当人们热爱他们的工作时，这种热爱就会与顾客和整个世界分享。

9. 人类自然而然地寻求探索和创新。在工作场所压制或操纵人类不仅是对人类生命的浪费，而且讽刺的是，也与企业的使命和目标背道而驰。当创新每时每刻发生，企业就是没有边界的成功（一家真正的无限制企业）。

10. 授权意味着有权收回他们的控制权。让人们自由地、充分地行使自己的权力，有利于企业和全世界，因为工人会将这些积极的行为延伸到工作场所之外。有时这被称为"组织成熟化"。

11. 企业在员工管理解决方案上花费了数不清的时间和金钱，而如果取消官僚性的规则（如年度绩效考核），这些解决方案是不必要的。消除工作场所中的这些问题可以解放企业，使其变得更加敏捷、灵活和具有竞争力——成为一家无限制企业。

12. 企业每年都在不知不觉中支付巨额资金——这是一项无可争议的"管理税"——付给它们多余的管理层。当人们可以自由管理自己时，这些钱就可以直接用于企业及其利益相关者的发展上。

13. 不必要的管理层已经催生了工作场所的弊病，比如权力摆布和政治操纵，这些不仅不利于企业或员工，反而产生了对更多管理层和控制层的需求。

14. 千禧一代正在颠覆传统的就业模式，迫使如投资银行这样最根深蒂固、最官僚的垂直行业，争相寻找吸引、招聘、融入和留住员工的解决方案。千禧一代很大程度上不愿意接受工作/生活失衡的传统工作环境。现实是，婴儿潮时期出生的劳动力正在消失，取而代之的是这些新新人类，他们抗拒命令和控制。如果你拒绝接受这一现实，无异于胁迫那些从未见过旋转手机的人还要依赖它。

15. 随着移民改革导致廉价劳动力变得更加稀缺，能够吸引自主性强的人才到工作场所，消除多余和昂贵的管理层（"管理税"），吸引和留住员工将变得越来越重要。过去削减人工成本的措施将被证明是短视的。

16. 在快速变化的市场中追随与引领。过去几十年来一直保持财富500强地位的企业，现在正在失势，或者在几年之内就将从500强名单上跌落下来。其他公司和其所在的整个行业正面临着终结［西尔斯、凯马特（Kmart）、JCPenney；整个大型实体零售业］，或者正面临收购。即使是中间商优步、来福车（Lyft）和爱彼迎也可能很快被区块链技术取代，使得提供商品和服务的个人之间能够进行直接交易。有远见的公司将成为"领头羊"；目光短浅的追随者则可能步柯达（固执和死板的代言人）的后尘。[1]

17. 当企业的目标是为所有的利益相关者服务时，客户

---

[1] 有关未来工作的更多信息，请参阅第三章中"欢迎来到为自主管理而设计的未来：11种催化剂"一节的相关内容。

Chapter 9 如何开始自主管理？

是受益者，因为他们以合理的价格获得了真正的价值。以牺牲所有其他利益相关者（例如员工）为代价来服务客户，最终会侵蚀产品和服务的价值，并滋生客户对市场有不现实的期待。

18. 在一个自组织中，没有指定的老板，因为到处都是老板。上级没有必要要求或鼓励问责制，因为每个人都对自己的个人商业使命负责，因此每个人都对其他人和企业负责。

19. 在一个自组织中，没有必要设计和维护自上而下的沟通渠道；沟通自然而然地发生在整个组织网络中，以便进行协作、传达业绩信息、共享市场指标和机会等。自组织是自闭环的。

20. 自主管理不仅适用于小型的、精英型的公司。它适用于所有的公司——无论是本地的、全球的、复杂的还是庞大的——都是由人组成的，每个人负责把工作做好，并对预期结果负责。不管它是国际知名企业，例如白手起家的海尔集团、激进的自组织巴西企业集团塞氏公司、具有开创性的护理公司博组客、在线会议调度机构 MEETUP，还是创业公司，例如连锁便利店企业 Fresh Fill，自主管理模式运作得都非常良好。那些坚称晨星公司只是一家"做番茄酱"公司的人，却对于一帮数学家、化学家和热处理工程师在 40~50 个监管机构的监督下在复杂环境中努力工作的现象视而不见。像大多数大公司一样，晨星拥有多个业务部门。它们敏捷、流动、调适性极强,而不是一成不变的官僚。它们的使命是加强共享学习,聚焦执行,驱动利润、决策和担责。实施更大规模或更复杂的自主管理可能需要更长的时间和更多需要考虑的细节,但规模和复杂性并不是实施自主管理的固有障碍——它们只是需要应对的挑战的一部分。

Chapter 10

将自主管理带入生活：
真实世界里自主管理
实施的 12 个组件

突破边界：自主管理的原则与方法

> 我对协同工作的有效性深信不疑，这真的太棒了。
>
> ——艾伦·穆拉利（Alan Mulalley）
> 福特汽车前总裁兼首席执行官

也许大家认为实现自主管理需要复杂的实施步骤，由自组织的管理部门进行正式批准，或由大量专业化软件来实现更先进的（更扁平的）组织规划。

然而正相反，全面的自主管理并不需要严格、复杂的实施步骤。虽然它的确需要一套深思熟虑、清晰规划、明确沟通的执行流程，加之审慎的管理措施，以避免其倒退回千疮百孔的官僚主义。

事实上，有很多方法可以实现自主管理，我们之前已经讨论了一些通用的方法——例如逐步推行。

Chapter 10 将自主管理带入生活：真实世界里自主管理实施的 12 个组件

重点是如何正确地设定自主管理的基本目标。这就是本书花费大量篇幅讨论自主管理的根本原因，到底是什么让自主管理奏效，是什么让一家企业成为真正的无限制企业，以及自主管理如何次第改变我们的生活以及我们生活着的世界。

自主管理实施的 12 个组件

自主管理实施的组件并非像我们所说的那样一成不变，我们在此列出了其中的 12 个，都是一些想法和建议。在你已从第一章阅读到第九章之后，这些步骤对你来说会是合乎逻辑，甚至是简单的，因为你已熟悉了这些步骤背后的思考和自我评估过程。我们自始至终的讨论也展示了不同公司领导人是如何基于他们各自优秀的基因来修订这些组件的。他们根据自己所负责业务的类型、人才储备、在美国和世界各地的地理位置、产品和服务、客户群体，以及所在公司的使命和理念来进行修订。

例如，有些公司领导选择尽早引入顾问为公司提供领导团队培训。另外一些人则稍晚些，为推行项目或者只是为了阶段性咨询寻求顾问支持；有些公司的老板选择保留对早期员工招聘流程的控制权，而另一些公司老板则选择尽早移交这一职能，并让自己在这件事上与其他人平权。

此处的要点是要关注自主管理的目标和原则，并努力构建一个严格的支持自组织人际网络的流程，激发人们（可以称呼他们为同事、伙伴，或任何适合你所在的组织的称呼）更有激情地投入工作。如果你已经成功创建了一套自主管理项目的基本流程，并且已经将这一概念推销给了领导团队和整个组织（包括组织内，以及组织的利益相关者），那么你就准备好开始验证吧！

有效自主管理的第一要旨是透明、担责和清晰。下文的这12条原则要将这些主题灌输到组织中，并使它们成为现实。

第1条：识别成员

哪些人需要参与到自主管理项目计划中来？企业的利益相关者是受你的企业影响的任何人或实体，包括（但不限于）公司领导层、员工、分公司、供应商、客户、设施服务商、股东、受企业影响的社区成员等。这里有哪些个人或团体需要了解组织发生的变化，或是开放和实验性的倡议，你的计划就需要将这些人纳入进来。

当要推行任何自主管理项目时，清晰、系统地识别出那些涉及特定任务和/或流程（你的个人利益相关者或同事）的人是至关重要的。同事协议的有效性是协调性自主管理的核心，而识别这些人让同事协议的有效性成为可能。作为企业的员工，哪些人与你的工作关系最密切？哪些人为你的流程提供资源和输入？哪些人最有可能收到你的流程和工作的输出？自主管理提供了一种全新的思考方式，以确保协同、合作和团队的成功。它是基于为客户提供价值的横向思考，而不是基于官僚主义的纵向思考。

Chapter 10　将自主管理带入生活：真实世界里自主管理实施的 12 个组件

第 2 条：导入自主管理的概念

如果组织领导者畅想着推行自主管理，却还未与人分享这一概念，那么非常重要的一点是：领导者要参与扩大会议和深度对话，"导入"自主管理理念，并且要尽可能详尽地回答和自主管理概念有关的问题或疑虑。

"概念导入"会议的规模不应太大——比如，每次会议有 5~25 人参加。应该仔细思考会议的结构、与会者在会议前或会议期间可能获得的信息，以及对潜在问题的回复。领导者需要诚实：如果不知道问题的答案，就直接承认，并保证会去找出答案。

记住，指令是与自主管理概念相违背的，所以如果你要求员工对自主管理概念保持开放心态，那么你的思想也应该开放。改变从来都不容易；要给人们时间来习惯你的想法和提议。让你的概念生动起来，并和大家相关联。可以考虑用其他方案来替代传统会议，使用此类的社交技术，诸如开放空间和世界咖啡（见第 9 条），创造一个理想的未来状态的愿景，吸引大家的兴趣和好奇心。

确保让每个人都有机会轻松、开放地接触到领导者。欢迎各种顾虑、疑问、建议和想法。你的目标是让人们了解现实：现实当然包括约束条件和潜在挑战，但更应该包括由于选择一条较少的人走的道路所带来的无限机会。你可能需要几个值得信任的顾问来为你的沟通策略和执行提供反馈。

在领导团队首肯了自主管理实验之后，有些人认为，随着沟通圈子不断扩大，这是极好的引入拥有丰富应对自主管理机遇和挑战经验的顾问的时机。顾问不仅可以处理员工可能存在的问题和顾虑，而且还可以通过更小的组利用互动体验工作坊，以应用自主管理理论，并使之成为现实。

通常，仅仅是开启对话和引出想法与建议就是有价值的，这能帮助企业的利益相关者将自主管理的前景视为令人兴奋的新挑战。例如，在凤凰城大学，一名团队领导者提出了成立读书俱乐部以作为微缩版自主管理的想法。关于这一点，请参阅第6条。

最后，以武力来强行推进拒绝武力的组织自主管理制度，这本身就是一种矛盾。传统的指令及控制的官僚主义的主要问题是它导致了领导力肌肉的萎缩。当一个人有权轻松地将自己的意愿强加于他人时，就很容易绕过真正的领导力所需要付出的辛苦工作。领导者通过对话、信任、尊重和沟通来建立强大的领导力。从高层强制实行自主管理是一种自相矛盾的做法。

第3条：确定范围

确定范围不仅是成功实施自主管理的关键，也是在实施阶段之前自主管理概念被接纳的关键。除非自主管理是从公司开创之时就引入的（尽管家电巨头海尔集团成功实施了涉及全球7万名员工的全面自主管理项目）[1]，我个人的建议是抵制诱惑，不要"一干到底"进行一次性实施，尤其是当公司商业模式流

---

① 胡泳、郝亚洲、戴斯·狄洛夫、斯图尔特·克雷纳等，《海尔使命：中国第一家全球超级公司的真实故事》（英国：Infinite Ideas 出版社，2017年）。

Chapter 10 将自主管理带入生活：真实世界里自主管理实施的12个组件

程很复杂时。

推行任何计划或实验之前都需要花点时间深思熟虑。请记住，这不仅仅是为了实现计划的顺利推行，也是为了尽可能宣传成功，以防止在计划还未站稳脚跟之前就被反对者破坏或彻底搅黄。通常，反对之声往往围绕着决策权（第7条）出现。因为那些不愿放弃权力的人会变得越来越不自在。因此，推行时需要一次一小步，以不断增量的方式让人们有时间来适应分布式权力和自主管理的思想。

最后，为了保证产生积极的影响，任何计划或实验都必须规模和影响足够大，但又不能大到会造成混乱和困惑。领导者必须主动灵活地管理这两极，来保持成果并避免不必要的风险。

第4条：识别"为什么"

在企业最高使命的背后，是支持公司使命的不同部门、团队和分子机构的使命。在这里，要强化那些在企业中工作并与同事协商他们的"协议"的员工的个人使命。每个人的个人使命对于企业的成功都是必不可少的，因为它将员工的个人目标与该员工所属的小组、团队、区域和企业目标协同，创造了不断自我深化的三赢局面。

企业多层次使命的完美对齐使得自主管理的企业变得灵活、敏捷和难以置信的强大。那些相互支持性使命是动态和流动的，不断地变化和调整，以保持与公司的使命一致，正如车辆要设计得与道路、驾驶员和目的地一致一样。以赛车为例，当赛车的所有部件——发动机、悬挂、空气动力装置、轮胎、方向盘及每一个微小的零部件——都处于最优化和最具创新性的水平时，赛车不仅可以做到紧贴路面飞驰，还能创造新纪录。

通过练习来找出"为什么"是非常有启发意义的。我曾经和一个小型高管团队一起工作，他们已经在一起共事了5年。在识别了他们每个人的个人使命后，一位高管转向另一位高管说："我之前从来不知道这是你待在这里的原因！"个人使命不仅需要与该使命的拥有者产生共鸣，也需要与该使命拥有者周围的人产生共鸣。这是有效的自主管理团队合作的必选项。

第5条：识别"是什么"

如果识别多层次使命是回答"为什么"，那么识别个体在流程中的责任则是回答"是什么"。这些责任包括你做什么、为什么做，以及如何做。这听起来似乎是显而易见的，但当你回想起自己在官僚机构里的时光时，就会意识到你根本不知道许多同事在做什么。你可能还注意到，有些人被雇佣的目的从来都不清楚，所以对他们的工作期望（不幸地）在混乱中也迷失了。在自主管理中，你个人的流程责任是其他同事同意为此完全负责的输出，包括绩效结果。它们被称为KPI、指标、衡量标准或"数字"[谷歌和其他许多科技公司都使用一种名为OKR（即目标和关键结果的缩写）的系统]。在本节中，我们称它们为"衡量标准"。

这些衡量标准应以持续、透明的记分卡进行记录，并将绩效游戏化，以便员工个人及同事可以在任何时候看到分数，并确保个人遵守了对同事的承诺。（晨星从查尔斯·库然特的《不

Chapter 10 将自主管理带入生活：真实世界里自主管理实施的 12 个组件

一样的工作力》一书中获得了灵感。)① 需要注意的是，这些衡量标准并不一定只用于评估：同事协议可以详细说明哪些人、以什么时间间隔直接负责对他们的业绩进行评估。但请记住，企业的所有成员都要对进入他们职责范围的任何关注或问题负责。因此，对于自主管理的组织来说，衡量标准是至关重要的工具，以确保没有什么能从裂缝中溜走，或者像戈尔公司那样，确保不会对"水线"以下的船体射击。在我们这个用虚拟、增强现实和其他方式感知世界的新时代，衡量手段也可用视频、音频和图像内容来展现绩效（例如，与客户进行视频访谈评估客户满意度和幸福感）。

我一直建议大家选择对自己、对企业健康、对同事都有意义的衡量标准。所有相关人员都需要主动衡量事情是在变好、改善、变坏，还是保持不变。同事们选择的记分卡可以是任何对他们有用的东西；别人无法决定他们管理的流程该如何衡量，因为他们才是专家。衡量标准应该尽可能客观，同时确立合适的基准非常重要。

在晨星公司，这种方法被称为"垫脚石"，因为同事们认为它们是通向完美的垫脚石，而完美是晨星公司在所有领域期望达到的终极目标。晨星公司的同事们可能永远无法实现绝对的完美，但他们会思考"我们为什么要把目标定得更低呢"，就像任何锅炉都不会以 100% 的效率产生蒸汽（这样的锅炉还没被发明出来），但是 100% 的效率是目标，这种游戏的目的是看到一

---

① 查尔斯·库然特:《不一样的工作力》(纽约：MJF 出版社，2014 年)。

个人可以在多大程度上接近完美。①

完美的效率标准是做到100%的效率。完美的成本标准是做到零成本。以游戏方式追求完美是解放创新思维的一种方式。如果整个组织都是创新者，大家从根本上提出削减成本或提高效率的方法，这将为组织带来强大的战略和竞争优势。这也会让以游戏方式工作的员工觉得工作充满了乐趣。

第6条：为许下并履行承诺建立框架

信守承诺是极其重要的，因为它构成了自主管理一半的基础。自主管理就是同事之间不断来回提出要求和作出承诺的过程，这构成了大部分对于工作的实质性对话。构建良好的承诺包括对于满意条件、表现、交付和验收的对等声明的协商和履行。

承诺可以是长期的、重复的、持续的，这样的承诺往往在同事协议中已经被记录下来。也有短期的、临时的、单一的承诺，此类承诺即使没有被记录下来，对组织的成功也绝对是至关重要的。自主管理者发展对语言行为的理解和技能是非常必要的，因为语言行为是有效承诺的基础。

当凤凰城大学的IT部门负责人斯蒂芬妮·戈尔登看到我的《超越赋权》时，她正在寻找一种可以帮助团队克服等级制度带来负面影响的组织方法。斯蒂芬妮想出了一个点子，成

---

① 高尔夫球的完美标准是比标准杆少18杆，但似乎没人能达到这个标准。

Chapter 10　将自主管理带入生活：真实世界里自主管理实施的 12 个组件

立一个读书俱乐部，由她带领的领导团队阅读这本书，看看他们会采取哪些自主管理方法来改变环境。她的团队看了书中关于组织自主管理的理念和实践，并且以团队形式启动了一个转型项目，花了一年的时间成功实施。他们首先在团队同事内部沟通了这一概念，同时弄清楚了要如何有效地将其与更大的、层级式组织联系起来。同事们制定了非正式的操作级别的同事协议。这些协议包括了他们希望如何对待彼此，他们将如何相互依赖，以及他们将如何对彼此负责。同事们学会了如何站出来，领导们学会了如何退后一步，为大家自己解决问题留出空间。

当我与其他公司合作确保他们的自主管理项目成功时，我们花了大量的时间在这些承诺的生命周期和结构上，因为它们是自主管理中非常强大的工具。承诺的流动是每个组织的命脉。简单地说，承诺是完成工作的方式。

在大师班课程中，我们研究各种类型的承诺，并花大量时间梳理它们的结构。课程参与者依照一个明确的承诺生命周期和结构，通过对彼此作出各种工作中的承诺来练习他们的新技能（见下页图）。为了更好地理解该图，我建议你通过搜索网上文章和讨论来阅读更多关于费尔南多·弗洛雷斯的承诺理论。（本书第五章和第七章中引用了费尔南多·弗洛雷斯的承诺理论。）

第 7 条：决定决策权

这无疑是实验或实施过程中最棘手的一步，因为要努力将

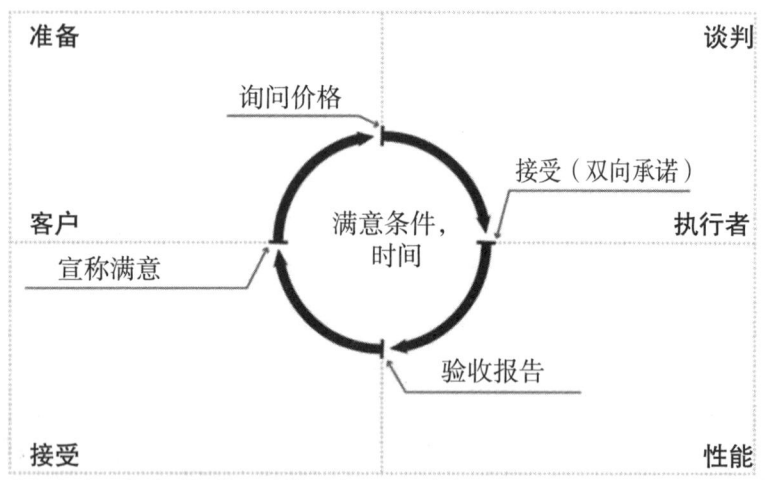

```
           准备                                      谈判
                        询问价格
                              ┌─────┐
                              │     │  接受（双向承诺）
                              │满意条件，│
                              │ 时间  │
                      宣称满意  │     │
                              └─────┘
                                      验收报告
           客户                                      执行者


           接受                                      性能
```

费尔南多·弗洛雷斯博士及其同事的"基本行动流程"是在知识共享署名3.0版许可下授权使用的。https://creativecommons.org/licenses/by/3.0/。

现有的科层制重新整合为一个动态的、自主管理的、没有职位头衔的贡献者网络，不管是官僚体制还是初创公司都一样，这是因为即便是初创企业也必须从其他企业招聘员工，而当人们加入公司的时候，就会把之前的工作模式和习惯以及自己根深蒂固的个性特征带来。

总而言之，人们可能会难以放弃权力、地位、等级和特权。许多人已经习惯于以这些标签作为个人标签，因此他们对自己以业绩和协作能力为衡量依据的能力失去了信心。在自主管理的环境中，决策权通常由那些离手头任务最近的人，或者有能力对特定领域结果进行评估的人拥有。相反，在官僚等级制度中，拥有决策权的通常是被指派管理他人的经理人，无论他们

Chapter 10　将自主管理带入生活：真实世界里自主管理实施的 12 个组件

距离结果有多远。更重要的是，在传统的工作场所，决策权往往没有得到很好的界定，甚至根本没有界定，因而造成了混乱和冲突。

自组织会认识到，确保企业成功的很重要的部分是清晰定义决策权的能力。定义清晰的决策权在自组织中至关重要，它可以确保责任界定。通常在特定领域拥有最高专业水平的个人拥有该领域的决策权，但也可以根据需要对决策权进行协商和重新协商。流程的职责本身已经是透明和清晰的，因此自主管理并不需要一个人类"老板"及相应的决策权来使责任变得更清晰。在一个真正开放、自主管理的企业里，没有需要隐藏的地方。

第 8 条：创建并培养反馈闭环

自我管理就是关于行为的持续反馈及对持续改进、创新的建议等。自主管理的网络不断地沿着一个巨大的反馈闭环运行。企业成员在多大程度上能够启用、支持、简化和改善反馈循环流程，就会使流程变得多有效。因此在开始推行任何自主管理项目时，都需要仔细地思考。而这又把我们带到了下一条。

第 9 条：识别并整合社交技术系统及工具

社交系统和工具都是关于人们如何互动的。在今天的自主管理企业中，新的社交工具和技术帮助组织尊重个人的声音，促进包容。毕竟，无论一个人是否内向，都值得被倾听。然而这在传统组织中通常是不可能的，因为在传统组织中，沟通渠道是围绕演示、会议和阶段汇报等构建的。在这样的环境中，同事之间失去了充分沟通交流和相互理解的机会。但是有了开放空间和世界咖啡这样的工具，自主管理者可以确保每个人的声音都被听到。

促进丰富交流的新方式日渐丰富。蓝十字蓝盾联邦雇员计划前首席执行官和《维基百科管理之道：快速变革及协同世界的革命性新模式》一书的作者罗德·柯林斯（Rod Collins）曾经分享过一个被他称为"优雅集"的练习，这是一种能够快速聚合多元背景的利益相关者的集体智慧的方法。① 《释放性结构》(The Surprising Power of Liberating Structures: Simple Rules to Liberating A Culture of Innovation) 一书的合著者凯斯·麦坎德利斯（Keith McCandless）和亨利·里普曼诺维兹（Henri Lipmanowicz）也在书中描述了几个简单但有效的通过集体参与来释放创新、提升绩效的练习。②

解放性的社交技术将依据它们在企业内接受和落地的程度，对传统组织施加结构性压力，最终解放人们。一旦接触到这些技术，人们就可能发出自己的声音，并让这声音被听到。

---

① 罗德·柯林斯，《维基百科管理之道：快速变革及协同世界的革命性新模式》（纽约：AMACOM 出版社，2014 年）。
② 凯斯·麦坎德利斯、亨利·里普曼诺维兹，《释放性结构》（西雅图：解放结构出版社，2013 年）。

Chapter 10　将自主管理带入生活：真实世界里自主管理实施的 12 个组件

第 10 条：从原则开始，定义你的企业的世界观

我们已经花了很多篇幅讨论了企业关于原则、哲学、核心价值观和企业宪法（或类似宪法的文件）这些声明的重要性。如果不清楚是什么在执掌企业的方向，公司这艘船就会漫无目的、失去方向，这种情况下任何组织结构（或者在纯粹自主管理的情况下的无组织结构）都是建立在流沙之上的。此外，对于自组织的成功至关重要的同事协议（因为它们起到了取代成本高昂的官僚机构的角色）将没有基础。

说白了，同事协议的成功有赖于企业的原则。人有自由意志吗？可以接受武力或胁迫吗？承诺的重要性是什么？人们能在工作中管理好自己吗？事实证明，哲学很重要！当许多人迫切地想直接跳到工具和实践时，更好的方法是从原则开始，并让原则指导工具和实践的选择。

第 11 条：创建企业同事协议模板

我认为书面化的同事协议（晨星公司称之为"同事谅解录"或 CLOU）对于任何自主管理的实施都非常有价值。它们减少了模糊性，并能确保清晰度和透明度，这是企业实现高绩效的关键。同时它们也有助于从源头上降低不担责、不投入、负面影响、公司政治、权力寻租等破坏性后果的可能性。同事协议是取代官僚主义的组织框架，让每个贡献者都能发出自己的声音。

重点是，认真思考同事协议的过程将帮助你和同事们强化实现自主管理的工作场所这一企业上下共同的愿景。

同事协议可以是任何大家希望的形式，并没有单一的模板，但是所有的同事协议都应该参考并体现包含企业使命和目标的企业原则和哲学声明。下面是我曾工作过的公司使用的两个模板示例。

模板 1 是一个简单文档的示例，它几乎无须解释，因此企业可以运用它畅通无阻地推行业务。如有必要，企业也可较为容易地根据新的或额外的责任闭环对这一同事协议进行修订。

模板 2 是一种更为视觉化的同事协议，它的呈现方式则是以每个贡献者的使命为中心的"画布"。

除了制定同事协议，领导者必须努力为冲突管理、雇佣和解雇、薪酬和其他职能制定可支持的流程，因为这些职能体现了自主管理、无限制企业的价值观和原则。

第 12 条：为学习和发展（持续性）创建架构

学习和发展的平台可以放大员工可能已经拥有的自主管理技能，也可以帮助他们发展业务技能。正如我之前指出的，新员工会加入，员工们会依据需求在团队和职能网络中移动，这种教育也有助于自主管理的维持和延续。

晨星有不少同事是从晨星迷你 MBA 项目（具体内容详见第八章）毕业的。该项目涵盖了战略、业务流程管理、财务通识和普适性商业技能（谈判、调解、面试、领导力和团队协作）等方面的课程和模块。这是一种全面的能力提升方法，所发展的能力（如战略）可以全面应用于员工个人的工作和生活中。

Chapter 10 将自主管理带入生活：真实世界里自主管理实施的 12 个组件

同事协议

姓名：

目的：
1. 我为什么想要在这里工作？
2. 对于我的工作岗位，做到卓越是什么样的？
3. 我的工作如何支持企业的愿景？

工作网络中的同事：

评分卡

决策权

	计划	组织	控制	甄选	协调

流程责任承诺

突破边界：自主管理的原则与方法

工作表

自我管理

我该做什么

- 行为准则
- 过程与行动计划
- 计划 / 组织 / 控制 / 选择 / 协调
- 决策权
- 目的和目标
- 我该如何衡量我所做的？
- 所需资源

目的（为什么）

- 我在何时何地工作？
- 我如何处理冲突？
- 知识和技能
- 我为什么选择在这里工作？在我的角色中，优秀是什么样的？我如何帮助公司？
- 有责任心的同事都有谁？
- 是什么激励了我？
- 我希望人们如何与我合作？

Chapter 10　将自主管理带入生活：真实世界里自主管理实施的 12 个组件

即便是可能只有一两节课的教育平台，也可以通过内部或外部支持设计来满足企业内利益相关者的需求。想想企业中可持续自主管理生态系统的学习需求。可以成立读书俱乐部来建立学习的兴趣、对话和动能（参考斯蒂芬妮·戈尔登所采取的微缩版"练习"），你可能会惊讶于人们有多少能量被释放出来。人们喜欢与他人分享他们所知道的，以避免他人做无谓的重复。也要鼓励学习者教授他人，以加深学习效果。

最后，不要忘记运用技术：随着学习管理系统（LMS）、自适应学习平台和微学习的普及，"无限制企业"在教育方面的唯一限制就是宇宙。

结　语
让"无限制"成为现实

> 成功不是幸福的关键。快乐是成功的关键。如果你热爱你正在做的事情，你就会成功。
>
> ——阿尔伯特·史怀哲
> 神学家、作家、人道主义者、哲学家和医生

用上面的引言，乘以你目前拥有的员工人数，或者你将启动新企业的人数。无论是拥有50名员工的初创公司，还是拥有50,000名员工的全球性企业，你能想象会变成敬业度几近100%的组织吗？你能想象在这家企业里，人们喜欢、热爱或享受他们在生命的2/3时间所做的事情，而此时，别的企业里的其他人还只是在为了退休而努力奋斗？

这就是远见卓识的商业领袖所设想的那种企业。他们知道，由乐于分享、相亲相爱、善于创新的人们组成的企业是不会被传统的受制于命令和控制的科层制所牵绊的。这是一家不断追求卓越的企业，几乎可以实现其成员所梦想的任何事情。它是

结语 让"无限制"成为现实

一家无限制企业。

无限制,径直向前

在这本书中,我们看到了官僚主义的崩塌意味着未来的工作场景不再是只出现在商业领袖的谈笑之间只能想象的东西。未来就在眼前,而且每年都在以指数级的速度发展。

我们使用了大量的才华和热情来设计提升协作和创新的技术,却被整个商业世界滥用。

我们研究了美国和全球公司"扁平化"的驱动因素,以及从奴隶制、扁平化治理结构到纯粹的自组织中间存在的各种模型。

我们穿行了自组织的实际实施情况,其中包括世界上一些最具创新性和最成功的公司,无论是大型的还是小型的美国的和全球的企业,无论是曾经苟延残喘的老牌企业还是全新的初创公司。我们研究了蓬勃发展的纯粹自组织,也选择了一些改良版的自组织公司,甚至包括一些现在需要被重新评估的自组织企业。

在自组织路线图中,我们梳理了关键要点,以帮助任何公司领导者或领导团队向企业利益相关者说明自组织的理由。和任何好的路线图一样,我们提供了从这里到那里的基本方向。然而,沿途的地标或障碍呢?

我们已经解决了常见(和一些不那么常见)的问题,并仔细考虑了引入自主管理的各种情况和顾虑。我们还通过个人和公司的自我评估过程，让你，无论是企业领导者还是所有者都能有所触动。这是任何成功过渡到自组织必不可少的过程。如果没有一个完全坚定的领导者来掌舵，任何具有自组织性质的激进的组织变革都不会成功。自组织尤其需要有远见的人，他们明白人性和伟大的商业密不可分。

最重要的是，我们知道公司、组织和团队都是概念（甚至国家也是概念）上的，但在业务方面，只有个人才是真实的。他们消费产品和服务，建造和创造事物，想象事物并不断创新。所以，如果商业是关于人的生意，那么我们难道不需要关心、支持和培育他们吗？因为是他们回馈我们和整个世界。当我们这样做，并因此向市场提供充满激情、关怀和爱的产品与服务时，我们会获取更高的市场回报。最重要的是，我们致力于为美好社会提供卓越的产品和服务，而这就是整个世界迫切需要的。

用最简单的话说，自组织是通向人性化组织的清晰途径，而且这早就应该发生了。幸运地，对于领导者而言，自主管理也是一家企业实现无限成功的手段，因为它不再受无用的官僚主义的束缚。现在就是抓住今天并拥抱未来的最佳时机。尽情享受吧！

最后的一些想法

我回想起多年前，当我的一年级老师要求我们用棕色蜡笔着色时，我决定用黑色和棕色蜡笔代替，可想而知我遭到了训斥。正如我在本书早期分享的那样,从那时起,我就对组织自由和问责制之间的张力着迷,并了解到组织自主管理是真实的、有效的,并且可以推动卓越的业绩表现。

现在,我喜欢与美国各地和全球各个角落的领导者分享我所学到的东西;从上海到斯德哥尔摩,从塞尔维亚到西伯利亚,从圣保罗到圣安东尼奥……参与终身学习并与他人分享的机会是我的热情所在。

我也相信我们从业者是站在巨人的肩膀上:像彼得·科斯滕鲍姆博士(工作中的自由和责任的哲学家)、费尔南多(人工智能和语言行为理论家)和迪伊·霍克(VISA 创始人,作者和组织思想家),以及许多其他先驱。对于所有这些肩膀,我很感激。

我的梦想是,现在和未来的几代人都能够将工作视为生活中充满活力、热情激昂的一部分,而不是为了赚钱退休而必须做的事情。我欢迎与所有分享这个梦想的人联系。如果你对这个主题感兴趣并且想了解更多信息,请随时通过领英、推特或 www.nufocusgroupusa.com 与我们联系。

致　谢

这本书反映了几个非常重要的人来之不易的智慧和敏锐的洞察力，并从几个有价值的社区汲取了能量。

首先，我要感谢我的朋友兼导师彼得·科斯滕鲍姆博士，他是《领导力：伟大的内在一面》的作者，也是科斯滕鲍姆研究所的创始人。在希特勒统治下的德国度过了一段童年时光，成人后的他开始了一生广受好评的教学、写作和咨询工作。他仍然是组织自我管理和尊重领导思想深度和复杂性的不懈倡导者。

感谢那些在过去几年中自由分享他们关键见解和智慧的人：Fresh Fill 的布赖恩·罗查，凤凰城大学的斯蒂芬妮·戈尔登，集体自我教育学博士洛里·凯恩，博组客创始人若斯·德·布洛克，海尔集团创始人张瑞敏，教育学博士、W. L. Gore 合伙人黛布拉·弗兰斯，Crankset 集团的查克·布莱克曼，蓝色世界的特蕾西·芬顿和米兰达·阿什，人才发展协会的托尼·宾汉姆，管理信息交换的加里·哈梅尔和米歇尔·扎尼尼，解码论坛的米歇尔·扎尼尼，创新文化中心的迈克尔·帕卡诺夫斯基，得

致　谢

克萨斯大学的小保罗·格林，以人为本的组织的约翰·汤普森，奢侈品学院的米尔顿·佩德拉萨，洞察咨询的道娜·琼斯，Nearsoft 的马特·佩雷斯，Meetup 的斯科特·海弗曼，VAGAS 的马里奥·卡潘，作家和思想家玛格丽特·赫弗南，Responsive 的罗宾·赞德，Radical 的何塞·利尔，Enspiral 的苏珊·巴斯特菲尔德；开源集体的阿兰娜·欧文，Helios 的约什·艾伦·戴克斯特拉，N2NHUB 的肯·埃弗里特，企业反叛者的皮姆·德·莫里和约斯特·米纳，管理 3.0 布道者尤尔根·阿佩罗，商业敏捷学院的埃文·莱伯恩，对话协作的本·罗伯茨，BRILLIANT BEST 的阿希姆·诺瓦克；Luminare 教练的露丝·西蒙，新技术解决方案公司的丹尼尔·梅齐克，思想领袖乔恩·哈兹本，COS 月刊创始人玛丽亚·斯平德勒；解放结构的凯斯·麦坎德斯，斋浦尔地毯创始人 Nand Kishore Chaudhary，Semco 合伙人和《特立独行和七天周末》的作者里卡多·塞姆勒。我非常感谢与这些启发者以及许多其他人的每一次对话，这些对话太多了，无法在这里一一列出。

我在 NuFocus 战略集团的专业同事苏珊娜·戴格尔是一个对新一代自我管理、目标驱动和包容性工作场所的不懈鼓励者和倡导者。

流程更新集团的罗杰·伯尔顿和萨沙·阿加诺娃是富有远见的卓越业务流程执行从业者，并慷慨地提供平台、个人能量和内容，为组织自我管理辩护。感谢我的高中辩论教练和好朋友苏珊·罗伯里·戴维斯，给了我提出好问题和做好笔记的能力，这在写书时经常很有帮助。

非常感谢多个组织和社区的朋友和同事，让我从中汲取能量和激情：伟大工作文化；人才发展者协会；创新文化中心；Rework CEO，工作革命，Responsive，以人为本的组织，Radical，商业敏捷研究所以及其他很多组织。它们的工作鼓舞人心并改变了世界。

我还要对克里斯·J. 鲁弗，晨星公司的创始人和杰出非凡的企业家，致以深深的感谢。从他身上我学到了许多关于商业的知识。他坚持让我们早期领导团队读一本最新出版的书，由汤姆·彼得斯和罗伯特·H. 沃特曼写的《追寻卓越》。我对那本书的回应体现了对高绩效组织及其运作方式的终生好奇心。

最后，我希望感谢我在晨星公司的朋友和同事们，不论是在职的还是离职的，为了他们勇敢的日复一日的在工作中践行自我管理。他们是真正的先锋。